国家"双一流"建设学科
辽宁大学应用经济学系列丛书

======学术系列======

总主编 ◎ 林木西

农村土地视角下
城镇化与乡村振兴融合发展路径研究

Research on the Integrated Development Path of
Urbanization and Rural Revitalization from the Perspective of Rural Land

张广辉 著

中国财经出版传媒集团
经济科学出版社
Economic Science Press

图书在版编目（CIP）数据

农村土地视角下城镇化与乡村振兴融合发展路径研究/张广辉著.—北京：经济科学出版社，2020.11
（辽宁大学应用经济学系列丛书.学术系列）
ISBN 978-7-5218-2077-5

Ⅰ.①农… Ⅱ.①张… Ⅲ.①城市化-关系-农村经济发展-研究-中国　Ⅳ.①F299.21②F323

中国版本图书馆 CIP 数据核字（2020）第 221753 号

责任编辑：陈赫男
责任校对：隗立娜
责任印制：李　鹏　范　艳

农村土地视角下城镇化与乡村振兴融合发展路径研究
张广辉　著
经济科学出版社出版、发行　新华书店经销
社址：北京市海淀区阜成路甲 28 号　邮编：100142
总编部电话：010-88191217　发行部电话：010-88191522
网址：www.esp.com.cn
电子邮箱：esp@esp.com.cn
天猫网店：经济科学出版社旗舰店
网址：http://jjkxcbs.tmall.com
北京季蜂印刷有限公司印装
710×1000　16 开　10.5 印张　160000 字
2020 年 12 月第 1 版　2020 年 12 月第 1 次印刷
ISBN 978-7-5218-2077-5　定价：38.00 元
（图书出现印装问题，本社负责调换。电话：010-88191510）
（版权所有　侵权必究　打击盗版　举报热线：010-88191661）
QQ：2242791300　营销中心电话：010-88191537
电子邮箱：dbts@esp.com.cn）

总　序

本丛书为国家"双一流"建设学科"辽宁大学应用经济学"系列丛书，也是我主编的第三套系列丛书。前两套系列丛书出版后，总体看效果还可以：第一套是《国民经济学系列丛书》（2005年至今已出版13部），2011年被列入"十二五"国家重点出版物出版规划项目；第二套是《东北老工业基地全面振兴系列丛书》（共10部），在列入"十二五"国家重点出版物出版规划项目的同时，还被确定为2011年"十二五"规划400种精品项目（社科与人文科学155种），围绕这两套系列丛书取得了一系列成果，获得了一些奖项。

主编系列丛书从某种意义上说是"打造概念"。比如说第一套系列丛书也是全国第一套国民经济学系列丛书，主要为辽宁大学国民经济学国家重点学科"树立形象"；第二套则是在辽宁大学连续主持国家社会科学基金"八五"至"十一五"重大（点）项目，围绕东北（辽宁）老工业基地调整改造和全面振兴进行系统研究和滚动研究的基础上持续进行探索的结果，为促进我校区域经济学学科建设、服务地方经济社会发展做出贡献。在这一过程中，既出成果也带队伍、建平台、组团队，使得我校应用经济学学科建设不断跃上新台阶。

主编这套系列丛书旨在使辽宁大学应用经济学学科建设有一个更大的发展。辽宁大学应用经济学学科的历史说长不长、说短不短。早在1958年建校伊始，便设立了经济系、财政系、计统系等9个系，其中经济系由原东北财经学院的工业经济、农业经济、贸易经济三系合成，财税系和计统系即原东北财经学院的财信系、计统系。1959年院系调整，将经济系留在沈阳的辽宁大学，将财政系、计统系迁到大连组建辽宁财经学院（即现东北财经大学前身），将工业经济、农业经济、贸易经济三个专业的学生培养到毕业为止。由此形成了辽宁大学重点发展理论经济学（主要是政治经济学）、辽宁财经学院重点发展应用经济学的大体格局。实际上，后来辽宁大学也发展了应用经济学，东北财经大学也发展了理论经济学，发展得都不错。1978年，辽宁大学恢复招收工业经济本科生，1980年受人民银行总行委托、经教育部批准开始招收国际金融本科生，1984年辽宁大学在全国第一批成立了经济管理学院，增设计划统计、会计、保险、投资经济、国际贸易等本科专业。到20世纪90年代中期，辽宁大学已有西方经济学、世界经济、国民经济计划与管理、国际金融、工业经济5个二级学科博士点，当时在全国同类院校似不多见。1998年，建立国家重点教学基地"辽宁大学国家经济学基础人才培养基地"。2000年，获批建设第二批教育部人文社会科学重点研究基地"辽宁大学比较经济体制研究中心"（2010年经教育部社会科学司批准更名为"转型国家经济政治研究中心"）；同年，在理论经济学一级学科博士点评审中名列全国第一。2003年，在应用经济学一级学科博士点评审中并列全国第一。2010年，新增金融、应用统计、税务、国际商务、保险等全国首批应用经济学类专业学位硕士点；2011年，获全国第一批统计学一级学科博士点，从而实现经济学、统计学一级学科博士点"大满贯"。

在二级学科重点学科建设方面，1984年，外国经济思想史（即后来的西方经济学）和政治经济学被评为省级重点学科；1995年，西方经济学被评为省级重点学科，国民经济管理被确定为省级重点扶持学科；1997年，西方经济学、国际经济学、国民经济管理被评为省级重点学科和重点扶持学科；2002年、2007年国民经济学、世界经济连续两届被评为国家重点学科；2007年，金融学被评为国家重点学科。

在应用经济学一级学科重点学科建设方面，2017年9月被教育部、财政部、国家发展和改革委员会确定为国家"双一流"建设学科，成为东北地区唯一一个经济学科国家"双一流"建设学科。这是我校继

1997年成为"211"工程重点建设高校20年之后学科建设的又一次重大跨越,也是辽宁大学经济学科三代人共同努力的结果。此前,2008年被评为第一批一级学科省级重点学科,2009年被确定为辽宁省"提升高等学校核心竞争力特色学科建设工程"高水平重点学科,2014年被确定为辽宁省一流特色学科第一层次学科,2016年被辽宁省人民政府确定为省一流学科。

在"211"工程建设方面,"九五"立项的重点学科建设项目是"国民经济学与城市发展"和"世界经济与金融","十五"立项的重点学科建设项目是"辽宁城市经济","211"工程三期立项的重点学科建设项目是"东北老工业基地全面振兴"和"金融可持续协调发展理论与政策",基本上是围绕国家重点学科和省级重点学科而展开的。

经过多年的积淀与发展,辽宁大学应用经济学、理论经济学、统计学"三箭齐发",国民经济学、世界经济、金融学国家重点学科"率先突破",由"万人计划"领军人才、长江学者特聘教授领衔,中青年学术骨干梯次跟进,形成了一大批高水平的学术成果,培养出一批又一批优秀人才,多次获得国家级教学和科研奖励,在服务东北老工业基地全面振兴等方面做出了积极贡献。

编写这套《辽宁大学应用经济学系列丛书》主要有三个目的:

一是促进应用经济学一流学科全面发展。以往辽宁大学应用经济学主要依托国民经济学和金融学国家重点学科和省级重点学科进行建设,取得了重要进展。这个"特色发展"的总体思路无疑是正确的。进入"十三五"时期,根据"双一流"建设需要,本学科确定了"区域经济学、产业经济学与东北振兴""世界经济、国际贸易学与东北亚合作""国民经济学与地方政府创新""金融学、财政学与区域发展"和"政治经济学与理论创新"五个学科方向。其目标是到2020年,努力将本学科建设成为立足于东北经济社会发展、为东北振兴和东北亚区域合作做出应有贡献的一流学科。因此,本套丛书旨在为实现这一目标提供更大的平台支持。

二是加快培养中青年骨干教师茁壮成长。目前,本学科已形成包括长江学者特聘教授、国家高层次人才特殊支持计划领军人才、全国先进工作者、"万人计划"教学名师、"万人计划"哲学社会科学领军人才、国务院学位委员会学科评议组成员、全国专业学位研究生教育指导委员会委员、文化名家暨"四个一批"人才、国家"百千万"人才工程入选者、国家级教学名师、全国模范教师、全国优秀教师、教育部新世纪优秀人才、教育部高等学校教学指导委员会主任委员和委员、国家社会科学基金重大项目首席专家等在内的学科团队。本丛书设学术、青年学者、教材、智库四个子系列，重点出版中青年教师的学术著作，带动他们尽快脱颖而出，力争早日担纲学科建设。

三是在新时代东北全面振兴、全方位振兴中做出更大贡献。面对新形势、新任务、新考验，我们力争提供更多具有原创性的科研成果、具有较大影响的教学改革成果、具有更高决策咨询价值的智库成果。丛书的部分成果为中国智库索引来源智库"辽宁大学东北振兴研究中心"和"辽宁省东北地区面向东北亚区域开放协同创新中心"及省级重点新型智库研究成果，部分成果为国家社会科学基金项目、国家自然科学基金项目、教育部人文社会科学研究项目和其他省部级重点科研项目阶段研究成果，部分成果为财政部"十三五"规划教材，这些为东北振兴提供了有力的理论支撑和智力支持。

这套系列丛书的出版，得到了辽宁大学党委书记周浩波、校长潘一山和中国财经出版传媒集团副总经理吕萍的大力支持。在丛书出版之际，谨向所有关心支持辽宁大学应用经济学建设与发展的各界朋友，向辛勤付出的学科团队成员表示衷心感谢！

林木西

2019 年 10 月

目 录

第一章　导论 ………………………………………………………… 1

　第一节　农民继续向城市流动是推进"以人为核心"新型
　　　　　城镇化的基本要求 ……………………………………… 3
　第二节　城乡要素双向流动是实现乡村振兴战略目标的
　　　　　根本途径 ………………………………………………… 7
　第三节　农村土地是城镇化与乡村振兴融合发展的关键 ……… 9

上篇　农村土地征收视角下的城镇化与乡村振兴融合发展

第二章　农村土地征收对城镇化与乡村振兴融合发展的影响机制 ………………………………………… 13

　第一节　城镇化与乡村振兴融合发展的前提：土地增值
　　　　　收益的产生 ……………………………………………… 13
　第二节　城镇化与乡村振兴融合发展的关键：土地增值
　　　　　收益的分配 ……………………………………………… 20
　第三节　小结 ……………………………………………………… 25

第三章　农村土地征收视角下城镇化与乡村振兴融合发展的困境 ······ 27

第一节　城镇化与乡村振兴融合发展困境：土地增值收益可持续性视角 ······ 27

第二节　城镇化与乡村振兴融合发展困境：土地增值收益分配格局视角 ······ 42

第三节　城镇化与乡村振兴融合发展困境：土地增值收益第二层次分配中成员权与收益权的冲突 ······ 46

第四节　小结 ······ 51

第四章　农村土地征收视角下城镇化与乡村振兴融合发展的实现路径 ······ 52

第一节　农村土地增值收益分配格局的转变 ······ 52

第二节　土地增值收益第二层次分配中成员权与收益权的协调 ······ 63

第三节　小结 ······ 77

下篇　农村土地产权制度变迁视角下城镇化与乡村振兴的融合发展

第五章　农村土地产权制度改革对城镇化与乡村振兴融合发展的影响机制分析 ······ 81

第一节　城镇化与乡村振兴融合发展：农村土地"两权分离"视角 ······ 82

第二节　城镇化与乡村振兴融合发展：农村土地"两权分离"到"三权分置" ······ 88

第三节　小结 ······ 94

第六章　农村土地"三权分置"视角下城镇化与乡村振兴融合发展困境 …… 96

第一节　农村土地"三权分置"与新型农业经营主体培育 …… 97
第二节　农业PPP项目中的村委会职能定位困境 …… 107
第三节　小结 …… 116

第七章　农村土地"三权分置"促进城镇化与乡村振兴融合发展的实现路径 …… 118

第一节　不同类型新型农业经营主体培育路径研究 …… 119
第二节　农业PPP项目中的村委会职能的角色定位 …… 123
第三节　小结 …… 126

第八章　总结以及进一步的研究方向 …… 128

第一节　总结 …… 128
第二节　进一步的研究方向 …… 135

参考文献 …… 141
后记 …… 155

第一章

导　　论

　　城镇化与乡村振兴融合发展的本质是城乡关系问题。马克思和恩格斯将城乡关系划分为城乡混沌统一阶段、城乡分离阶段、城乡对立阶段和城乡融合阶段（张宇、谢地、任保平、蒋永穆等，2018）。改革开放以来，我国的城乡关系经历了一系列变化，不同学者依据不同的理论基础和现实背景对城乡关系进行阶段划分。吴丰华、韩文龙（2018）将城乡关系划分为城乡关系向好阶段（1978~1984年）、城乡再度分离阶段（1984~2003年）、城乡统筹发展阶段（2003~2012年）和城乡全面融合发展阶段（2012年至今）四个阶段。蒋永穆、周宇晗（2018）将城乡关系划分为启动农村改革注入发展活力的城乡互动阶段、建立市场经济体制实现快速发展的城乡协调阶段、形成战略思想不断缩小差距的城乡统筹阶段和全面深化改革实现发展一体化的城乡融合阶段四个阶段。虽然不同学者对改革开放以来城乡关系的阶段划分不同，但他们都认为我国当前的城乡关系正处于城乡融合阶段。在当前的城乡发展背景下，城乡融合强调的就是城镇化与乡村振兴的融合发展问题。

　　改革开放以来，经济的高速发展带来了城镇化水平的不断提高。我国的城镇化率从1978年的17.9%上升到2019年的60.60%[①]（苏红键、

[①] 2019年城镇化率数据来源于国家统计局《中华人民共和国2019年国民经济和社会发展统计公报》。

魏后凯，2018）。2013年12月12~13日中央城镇化工作会议在北京召开，习近平总书记全面分析了城镇化发展形势，明确推进城镇化的指导思想、主要目标、基本原则、重点任务。李克强总理提出了推进城镇化的具体部署。2014年3月，中共中央、国务院印发的《国家新型城镇化规划（2014—2020年）》强调，按照走中国特色新型城镇化道路、全面提高城镇化质量的新要求，明确了未来城镇化的发展路径、主要目标和战略任务，这标志着我国城镇化发展的重大转型，强调"以人为核心"的城镇化（陆大道、陈明星，2015）。进一步地，还应建立健全农业转移人口市民化推进机制，不断推进符合条件的农业转移人口落户城镇，并保障农业转移人口享有城镇基本公共服务。

2017年10月，习近平总书记在党的十九大报告中明确指出，我国已经进入全面建成小康社会的决胜期。我国社会主要矛盾已经转化为人民日益增长的美好生活需要和不平衡不充分发展之间的矛盾，其中不平衡不充分发展突出表现为城乡发展的不平衡和农村发展的不充分（王博、朱玉春，2018）。党的十九大报告中提出的乡村振兴战略是全面建成小康社会和解决不平衡不充分发展问题的重要举措。实施乡村振兴战略强调要坚持农业农村优先发展，按照产业兴旺、生态宜居、乡风文明、治理有效、生活富裕的总要求，建立健全城乡融合发展体制机制和政策体系，加快推进农业农村现代化。2018年、2019年和2020年中央一号文件都从不同角度对实施乡村振兴战略做出了战略部署。2020年6月18日，《中华人民共和国乡村振兴促进法（草案）》提交十三届全国人大常委会第十九次会议审议，这为乡村振兴战略的实施提供了法律保障。

农村人、财、物等要素不断向城市集聚是提高城镇化水平的重要推动力，同时也是导致农业边缘化、乡村空心化和农民老龄化的重要原因，这也是实施乡村振兴战略的现实背景（项继权、周长友，2017；魏后凯，2017）。综上所述，如何在推动城镇化水平不断提高的同时，又能够有效带动乡村的全面振兴发展是一个值得深入研究的议题。本章主要分为三节，其中第一节主要讨论农民继续向城市流动是推进"以人为核心"新型城镇化的基本要求,第二节主要讨论城乡要素双向流动是实现乡村振兴战略目标的根本途径,第三节主要指出本书的核心观点,即农村土地是城镇化与乡村振兴融合发展的关键。

第一节 农民继续向城市流动是推进"以人为核心"新型城镇化的基本要求

有数据显示,2011年我国城市常住人口首次超过了农村人口。根据诺瑟姆(Ray M. Northam)对城镇化"S"形发展阶段的划分标准,我国的城镇化已经发展到"S"形的"加速阶段",是城镇化的快速发展阶段(张占斌,2013),也是提高我国城镇水平的关键阶段。

城镇化包括人口城镇化、土地(空间)城镇化和产业城镇化等三个层面(黄泰岩、石腾超,2013),其中人口城镇化和土地城镇化之间存在不协调性,人口城镇化水平落后于土地城镇化水平(熊柴、高宏,2012;李爱民,2013;范进、赵定涛,2013)。人口城镇化水平有两种统计方法:其一,官方统计的人口城镇化率(常住人口城镇化率),该指标主要包括城市户口的居民,在城市工作6个月以上的没有城市户口的农村务工人员以及土地被征收但户籍仍在农村的农民(陶然、徐志刚,2005);其二,按照户籍统计的人口城镇化率,该方法统计的人口城镇化率仅包括具有城市户籍的人口。统计指标的不同也造成了人口城镇化率水平的差异。2020年2月28日,据国家统计局发布的《中华人民共和国2019年国民经济和社会发展统计公报》数据显示,2019年常住人口城镇化率为60.6%,户籍人口城镇化率为44.38%。这16.22%户籍在农村而生活在城市的"市民"并不能享受城市的各种福利待遇,呈现出"半城镇化"特征(张广辉、魏建,2013)。这意味着提高人口城镇化水平是当前中国城镇化最重要的任务。提高人口城镇化水平的关键在于如何把农民合理有序地引入城市之中,即农民不是简单地进入城市生活,而是农村户籍转变为城市户籍,进而能够享受到城市居民的各项福利待遇。《国家新型城镇化规划（2014—2020年）》、党的十八大报告以及十八届三中全会审议通过的《中共中央关于全面深化改革若干重大问题的决定》中都提出要"坚持走中国特色的新型城镇化道路"，强调要"推进以人为核心的城镇化……推进农业转移人口市民化，逐步把符合条件的农业转移人口转为城镇居民"。

农民能否从农村户籍转变为城市户籍，并顺利进入城市生活取决于两个方面的因素：其一，农民是否有放弃农村户籍进入城市的"意愿"，这里强调的是"户籍意义上的人口城镇化"，即农民放弃农村户籍转变为城市户籍。那些常年在城市居住生活但没有城市户籍的农民可能已经适应城市的生活，他们中的大多数愿意放弃农民户籍转变为城市户籍。但并不是所有人都愿意放弃农村户籍进入城市。近年来，新型农村合作医疗、农村养老保险等社会保障制度的完善，在一定程度上提高了农民的社会福利水平，使一部分农民更加愿意生活在农村。其二，农民是否能够承担进入城市后的生活成本，即在城市生活的"能力"。这个成本是多方面，包括物质成本、无形成本等。物质成本中最重要的是"货币资本"，即进入城市购房、购买生活物品等能够维持其在城市生活的成本。而无形成本之一是指农民市民化后的身份认同问题，即个体对自己所处特定情境地位的直觉。其中市民化的农民和原市民之间的交往、二者之间交流的性质（例如陌生买卖关系、商业伙伴）、原市民对市民化农民的态度等都会影响到市民化后农民的身份认同问题（沈关宝、李耀锋，2010）。无形成本主要是在农民真正市民化后会发挥作用，物质成本或者说货币资本是农民进入城市的前提。

从农民进入城市的"意愿"和在城市生活的"能力"角度来看，可将农民分为四种类型。第一种类型：农民有进入城市的"意愿"，有"能力"承担在城市生活的成本；第二种类型：农民有进入城市的"意愿"，但没有"能力"承担在城市生活的成本；第三种类型：农民没有进入城市的"意愿"，但有能力承担在城市生活的成本；第四种类型：农民没有进入城市的"意愿"，也无能力承担在城市生活的成本。

第一种类型和第二种类型中农民都有进入城市的"意愿"，其中第一种类型强调的是既有"意愿"又有"能力"的农民，只需要建立相关制度合理引导农民进入城市即可。第二种类型农民有进入城市的"意愿"，而没有"能力"承担在城市生活的成本，对于这种类型农民而言，关键在于如何提高农民进入城市的"能力"，即如何提高农民的货币收入水平，使农民可以承担在城市生活的成本。两种类型农民都有通过放弃农村户籍转变为城市户籍的意愿，那么通过合理的制度安排和增加农民收入水平就能够使他们顺利转化为城市人口，能够提高户籍意义上的人口城镇化水平。因此，将上述能够提高户籍意义上人口城镇化水平的类型界定为"主动城镇化"。因此，将具有稳定收入来源、有能力在城市生活的"农民"合理引导进入城市，这是一个农民主动进入城市的过程。2014年7月24日，国务院发布的《国务院关于进一步推进户籍制度改革的意见》中取消了农业户口与非农业户口的区分，统一登记为居民户口。还进一步从调整户口迁移政策、人口管理创新、保障农业转移人口以及其他常住人口合法权益和加强组织领导等方面做出了规定，这将有助于主动城镇化的顺利进行。

第三种类型和第四种类型农民没有进入城市的"意愿"，原因可能来自生活压力、就业压力、城镇福利的弱化、担忧教育医疗困难等多方面（黄江泉、李晓敏，2014）。城市土地面积的扩大意味着城市周边大量的农民集体所有土地被地方政府征收，使这部分农民进入城市。与"主动城镇化"不同，这部分农民有两个特征：其一，因为他们的土地被完全征收，他们是"被动"进入城市，而非"自愿"；其二，由于这部分农民土地被征收，他们能够获得一定的土地增值收益份额。土地增值收益能够增加农民的财产性收入水平，提高他们在城市生活的"能力"。"被动"放弃农村户籍转变为城市户籍，农民进入城市增加了城市户籍人口在总人口中的比例，提高了城镇化水平。由于农民是"被动"进入城市的，将这种城镇化界定为"被动城镇化"。

对于"主动城镇化"而言，农民有进入城市的"意愿"，关键在于如何提高农民在城市生活的"能力"。对于"被动城镇化"而言，虽然农民没有进入城市的"意愿"，但是不管这部分农民原来有没有进入城市生活的"能力",他们都"被动"放弃农村户籍转变为城市户籍,并进入城市生活。为了能够让"被动城镇化"中的农民更好地在城市生活,关键也在于提高他们在城市生活的"能力"。

综上所述,无论是"主动城镇化"还是"被动城镇化"水平的提高,关键都在于提高农民在城市生活的"能力",即提高农民的收入水平。那么,如何提高他们的收入水平?提高进城农民的人力资本水平是一个途径。然而,尽管各级政府都重视和强调对进城农民进行各种培训以提高他们的人力资本水平,但是受制于农民有限的教育水平和年龄,他们的人力资本基本上已经固化,提高人力资本水平这个途径有着潜在的"天花板",产生的结果往往是即使接受培训后进城农民的人力资本水平依然不能满足城市工作的需要。因此,寻找提高人力资本水平之外的途径就显得更为重要。

另一个途径则是提高他们的财产性收入。2013年,《中共中央关于全面深化改革若干重大问题的决定》中指出"要赋予农民更多的财产权利",财产权利主要是指土地财产权利(孔祥智、刘同山,2014)。农民通过土地财产权利提高农民财产性收入水平有两条途径:一是当农民集体所有土地被地方政府征收时,土地用途的转变产生大量的土地增值收益,并进一步在地方政府[①]、用地企业、村委会[②]、农民等多个主体之间分配,其中农民所获土地增值收益份额就是他们通过土地财产权利获得财产性收入的一种途径。当农民所有土地全部被地方政府征收时,农民通过土地财产权利获得的财产性收入更多影响"被动城镇化"水平。当农民所有土地被部分征收时,农民通过土地财产权利获得的财

[①] 《中华人民共和国土地管理法》(2020)第五十五条规定:"以出让等有偿方式取得国有土地使用权的建设单位,按照国务院规定的标准和办法,缴纳土地使用权出让金等土地有偿使用费和其他费用后,方可使用土地。……新增建设用地的土地有偿使用费,百分之三十上缴中央财政,百分之七十留给有关地方人民政府。"从该规定可知,中央政府和地方政府分享土地增值收益份额的比例是固定的,而且地方政府所占比重较大,因此本书讨论中更多强调地方政府所获土地增值收益份额的高低。

[②] 农村土地属于"农民集体"所有,但在"农民集体"的虚置背景下,农村土地相关事务更多是由村委会来管理。

产性收入主要影响"主动城镇化"水平。二是不同的农村土地产权制度安排对城镇化产生不同的影响。在农村土地"两权分离"产权制度安排下，农村土地承包经营权的双重属性在一定程度上阻碍了农村土地的流转[①]。而农村土地"三权分置"的产权制度安排强调所有权、承包权和经营权的分置，能够有效解决承包经营权的双重属性问题，促进农村土地的流转进而提高农民的财产性收入水平，并提高他们进入城市的意愿和能力，提高"主动城镇化水平"。

综上所述，对于农民而言，农村土地是他们最为重要的生产要素，如何通过农村土地财产权利实现农民收入水平的提高，进而不断推进"以人为核心"的新型城镇化至关重要。

第二节 城乡要素双向流动是实现乡村振兴战略目标的根本途径

实施乡村振兴战略的重大意义、内涵、原则等都引起了诸多学者的讨论（魏后凯，2017；叶兴庆，2017；陈文胜，2017）。农村生产要素单向流向城市是导致乡村衰落的重要原因，因此，促进城乡要素的双向流动就是实现乡村振兴的重要途径（罗必良，2017）。诸多学者认为城乡要素双向流动面临着诸如户籍制度、土地制度等一系列体制机制障碍（李增刚，2018；朱启臻，2018）。有学者认为应该从农村产权、资本、人才与城乡协调发展等方面进行体制机制创新，但体制机制创新过程中要避免出现工程化和盆景化倾向（吴肇光、刘祖军、陈泽镕，2018；姜长云，2018）。有学者认为应注重不同要素主体的利益共享，市场与政府的不同功能定位，不同政策之间的协调以及农村内生发展动力（郭素芳，2018）。此外，还有学者认为"人、地、钱"是推进乡村振兴的三

---

① 关于农村土地"两权分离"产权制度安排中承包经营权双重属性的讨论将在本书第五章中详尽讨论。

大关键要素（罗必良，2017；刘合光，2018a）。从"人"的角度来看，应通过确立乡村人才发展战略来为乡村振兴提供动力，其中总设计师、县乡村干部、村民、乡贤以及其他参与者在推进乡村振兴中都扮演着重要角色（赵秀玲，2018；刘合光，2018b）。从"钱"的角度来看，经济资本积累是乡村振兴的重要资金来源，可从建立社会信任、健全社会规范以及建设社会网络角度来培育社会资本（赵丽娜、马涛，2018；胡中应，2018）。从"地"的角度来看，处理好农民和土地之间的关系对振兴乡村至关重要，重点在于农村土地"三权分置"制度、发展多种形式的适度规模经营以及保障土地承包关系长久不变（罗必良，2017）。

已有研究更多从"人、地、钱"的某一方面来研究城乡要素流动问题，而三者之间的紧密关系是影响城乡要素流动的重要因素。其中，农村土地是影响城乡要素流动的核心要素（张广辉、陈鑫泓，2020），是实现乡村振兴战略目标的关键所在。

产业兴旺是实施乡村振兴战略的首要目标，与农村土地对城镇化的影响类似，农村土地通过两条途径对乡村产业发展产生重要影响：一是农村土地征收的影响。当城市近郊的农民集体所有土地被地方政府全部征收时，现实中更多的是村委会变为居委会，依然在本地发展乡村经济。土地征收产生的增值收益对发展本地乡村经济具有积极的促进作用。当远离城市的农民集体所有土地被地方政府部分征收时，土地增值收益依然是乡村以及农民发展地方经济的重要资金来源。二是农村土地产权制度安排的影响。在农村土地"两权分离"产权制度安排下，随着大量农民进入城市工作生活，承包经营权的双重属性可能会导致农村土地撂荒问题日益突出。如何提高农村土地利用效率，并带动乡村产业发展至关重要。这也进一步倒逼农村土地的"三权分置"产权制度改革，在落实集体所有权和稳定农户承包权的基础上，通过土地适度规模经营培育新型农业经营主体带动社会资本下乡和城市人才下（回）乡是可行的路径之一。而土地适度规模经营的前提是农民有愿意流转农村土地，而农民的流转意愿在很大程度上取决于农村的土地产权制度安排。此外，放活土地经营权在提高农民农村土地流转意愿的同时，也能为地方政府和社会资本合作（PPP）项目的实施提供制度支持，解决乡村产业发展过程中的资金匮乏困境。

因此，农村土地也是实现乡村振兴战略目标的重要影响因素。如何通过土地增值收益发展乡村产业以及通过农村土地产权制度安排带动"人"和"钱"流向农村是实现乡村振兴战略目标的重要举措。

第三节　农村土地是城镇化与乡村振兴融合发展的关键

农村土地是促进城镇化与乡村振兴融合发展的关键所在（陈坤秋、龙花楼，2019）。通过前面的分析可知，农村土地在城镇化与乡村振兴融合发展中的重要作用通过两种方式来实现，如图 1-1 所示。

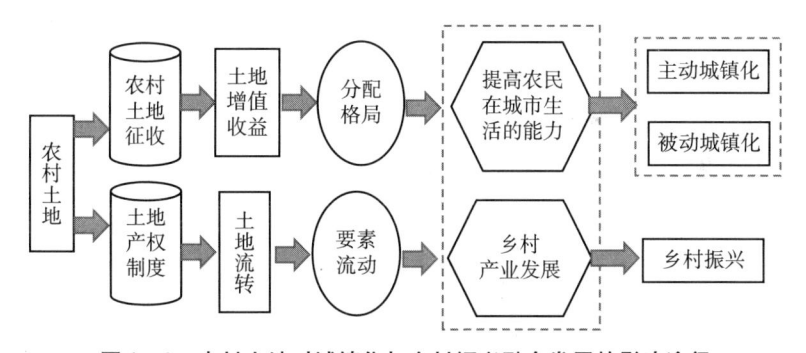

图 1-1　农村土地对城镇化与乡村振兴融合发展的影响途径

第一种方式是在农村土地征收过程中，土地农业用途到非农业用途的转变产生大量的土地增值收益，并进一步在政府、用地企业、村委会以及农民等不同主体之间进行分配，不同的土地增值收益分配格局通过提高农民在城市的生活能力和促进乡村产业发展等途径推动城镇化与乡村振兴的融合发展。

第二种方式强调在不同的农村土地产权制度安排下，通过土地产权制度安排提高农民的土地财产性收入以及促进城乡要素的双向流动，进而提高有意愿进入城市农民在城市的生活能力，以及为乡村产业发展提供人才和资本，最终带动乡村的振兴发展，进而推动城镇化与乡村振兴的融合发展。

综上所述，农村土地在城镇化与乡村振兴融合发展中发挥重要作用。基于此，本书共分为八章，其中第一章为导论，讨论城镇化与乡村振兴发展的现实背景，论述农村土地是城镇化与乡村振兴融合发展的关键。第八章为结论与进一步的研究方向，主要是对本书的核心观点进行总结，并对本书未涉及但对城镇化与乡村振兴融合发展较为重要的内容做简要介绍，为进一步的研究提供方向。本书的核心章节包括第二章至第七章，这六章包含在两篇内容中，其中上篇主要在农村土地征收视角下讨论城镇化与乡村振兴的融合发展，主要包括三章，第二章讨论农村土地征收对城镇化与乡村振兴融合发展的影响机制，第三章主要讨论农村土地征收视角下城镇化与乡村振兴融合发展过程中所面临的困境，第四章针对农村土地征收视角下城镇化与乡村振兴融合发展过程中所面临的困境提出针对性的对策建议。下篇主要在农村土地产权制度安排背景下讨论城镇化与乡村振兴的融合发展，主要包括三章，第五章首先讨论在农村土地"两权分离"产权制度安排下，承包经营权双重属性对城镇化与乡村振兴融合发展的不利影响，并进一步讨论了农村土地"三权分置"产权制度安排对城镇化与乡村振兴融合发展的积极影响以及影响路径。第六章主要讨论农村土地"三权分置"产权制度安排在促进对城镇化与乡村振兴融合发展过程中所面临的困境。第七章提出解决上述困境的对策建议。

上 篇
农村土地征收视角下的城镇化与乡村振兴融合发展

第二章

农村土地征收对城镇化与乡村振兴融合发展的影响机制

农村土地征收过程中产生大量的土地增值收益,并在地方政府、用地企业、村委会(村集体)和农民之间进行分配,不同的土地增值收益分配方式对城镇化以及乡村振兴发展会产生不同的影响,并进一步影响城镇化与乡村振兴的融合发展。本章主要分为三节,其中第一节主要讨论土地增值收益的产生是城镇化与乡村振兴融合发展的前提,第二节主要讨论土地增值收益分配是城镇化与乡村振兴融合发展的关键,第三节为小结,总结本章的基本内容。

第一节 城镇化与乡村振兴融合发展的前提:土地增值收益的产生

新中国成立初期,我国的城镇化水平不断上升,从1949年到1957年,城镇化水平从10.6%上升到15.4%(陈明星、叶超、周义,2011)。改革开放以后,城镇化水平呈现出大幅增加趋势,从1978年的

17.9%上升到2019年的60.60%[①]（苏红键、魏后凯，2018）。城镇化水平的不断提高和工业化进程的不断推进增加了对土地的需求。从土地供给角度来看，土地供给受到三个方面的影响：首先，城乡二元土地制度使国有土地供应受到限制，地方政府只能通过征收方式将农民集体所有土地转变为城市国有土地，进而增加国有土地的供应。一方面，城镇化和工业化对用地需求的增加表现最为明显的就是城市市区规模的扩大，而城市市区规模的扩大主要来自城市郊区的农民集体所有土地，这也就意味着大量的农民集体所有土地转变为城市国有（建设）土地。谈明洪、李秀彬和吕昌河（2004）在对20世纪90年代145个大中城市建设用地扩张的分析时发现，农民集体所有的耕地占城市新增建设用地的70%，其中东、中、西部耕地在城市建设用地扩张中分别占到69%、72%和80.9%的比例。这也意味着城市用地需求的增加更多是占用了农村土地资源（王成军、何秀荣、费喜敏，2012；李汝资、吕芸芸、王文刚、刘耀彬，2019）。另一方面，城镇化与工业化的发展也使距离城市较远的郊区因修路等用地需求而被地方政府征收。其次，为了保障我国的粮食安全，将中国人的饭碗牢牢端在自己手中，农民集体所有土地转变为城市国有土地的数量受到限制。最后，土地作为一种特殊的生产要素，其规模总量也是一定的。

综上所述，城市用地的高需求与土地供给的有限性为土地增值收益的产生提供了现实可能性，而城乡二元土地制度背景下的农村土地征收过程对土地增值收益在不同主体之间的分配产生重要影响，进而影响到城镇化与乡村振兴的融合发展。

农村土地征收是土地增值收益产生的基本前提，土地增值收益的产生需要经过三个阶段才能最终完成，在每一个阶段都存在土地所有权或者（和）使用权的一种转移。从本质上来讲，每个阶段土地增值收益的产生都是某一主体获得土地增值收益份额的过程。

---

① 2019年城镇化率数据来源于国家统计局《中华人民共和国2019年国民经济和社会发展统计公报》。

一、土地增值收益产生的第一个阶段

第一个阶段土地增值收益的产生过程：地方政府通过征收的方式将农民集体所有土地的所有权和使用权收归国有。《中华人民共和国土地管理法》（2004）第四十七条规定：农村土地征收按照土地的原有用途进行补偿，其中耕地补偿主要包括土地补偿费、安置补偿费和地上附着物以及青苗补偿三个部分，每个部分都是根据耕地的产值按照一定的倍数进行补偿。其中土地补偿费为该耕地被征收前三年平均年产值的6~10倍。每一个需要安置农业人口的补助费为该耕地被征收前三年平均年产值的4~6倍。每公顷被征收耕地的安置补助费，最高不得超过被征收前三年平均年产值的15倍。这几部分补偿内容构成了农民所获土地增值收益的份额，从上述不同部分的补偿内容以及上限规定来看，农民所获土地增值收益份额相对较低，这也为《中华人民共和国土地管理法》（2004）的修改提供了现实可能性。

2014年12月，中央全面深化改革领导小组第七次会议审议了《关于农村土地征收、集体经营性建设用地入市、宅基地制度改革试点工作的意见》。2015年1月以来，该意见正式印发并逐步开始在全国33个县市进行"三块地"试点改革，其中针对农村土地征收范围过大、程序不够规范、农村土地补偿低、被征地农民保障机制不完善等问题是改革关注的重点。2019年8月，第十三届全国人民代表大会常务委员会第十二次会议对《中华人民共和国土地管理法》（2004）进行修改，修改内容有益吸收了农村"三块地"改革的成功经验，并于2020年1月1日开始实施。

通过对比《中华人民共和国土地管理法》（2004）和《中华人民共和国土地管理法》（2020）中关于农村土地征收的相关规定，发现以下几点不同。

其一，关于农村土地征收前提"公共利益"的讨论有所不同。《中华人民共和国土地管理法》（2004）中第二条规定："国家为了公共利益的需要，可以依法对土地实行征收或者征用并给予补偿"，但并未对公共利益做出明确规定。但《中华人民共和国土地管理法》（2020）第四十五条中明确规定了公共利益的范畴，包括：①军事和外交需要用地的。②由政府组织实施的能源、交通、水利、通信、邮政等基础设施建设需要用地的。③由政府组织实施的科技、教育、文化、卫生、体育、生态环境和资源保护、防灾减灾、文物保护、社区综合服务、社会福利、市政公用、优抚安置、英烈保护等公共事业需要用地的。④由政府组织实施的扶贫搬迁、保障性安居工程建设需要用地的。⑤在土地利用总体规划确定的城镇建设用地范围内，经省级以上人民政府批准由县级以上地方人民政府组织实施的成片开发建设需要用地的。⑥法律规定为公共利益需要可以征收农民集体所有的土地的其他情形。对农村土地征收中公共利益的明确界定，能够有效约束地方政府的土地征收行为，有利于保障农民的各项权益。

其二，农村土地征收补偿内容和标准不同。从土地补偿内容来看，《中华人民共和国土地管理法》（2004）第四十七条规定："征收耕地的补偿费用包括土地补偿费、安置补助费以及地上附着物和青苗的补偿费。"《中华人民共和国土地管理法》（2020）第四十八条规定："征收土地应当依法及时足额支付土地补偿费、安置补助费以及农村村民住宅、其他地上附着物和青苗等的补偿费用，并安排被征地农民的社会保障费用。"从这些规定来看，农村土地征收的补偿内容有所增加。从补偿标准来看，《中华人民共和国土地管理法》（2004）规定了按照被征收土地的原有用途进行补偿，并规定了不同补偿内容的上限标准。而《中华人民共和国土地管理法》（2020）第四十八条规定："征收农用地的土地补偿费、安置补助费标准由省、自治区、直辖市通过制定公布区片综合地价确定。制定区片综合地价应当综合考虑土地原用途、土地资源条件、土地产值、土地区位、土地供求关系、人口以及经济社会发展水平等因素，并至少每三年调整或者重新公布一次。"从上述规定来看，农村土地征收改变了过去按照土地原有用途以及按照土地产值一定倍数的补偿标准，综合考虑多种因素来确定农村土地的征收补偿标准，有利于提高农民所能获得的土地增值收益份额。

其三，土地征收程序的不同。与《中华人民共和国土地管理法》（2004）相比，《中华人民共和国土地管理法》（2020）中对土地征收程序做了进一步规定。其中第四十七条规定：地方政府"应当开展拟征收土地现状调查和社会稳定风险评估，并将征收范围、土地现状、征收目的、补偿标准、安置方式和社会保障等在拟征收土地所在的乡（镇）和村、村民小组范围内公告至少三十日"，"多数被征地的农村集体经济组织成员认为征地补偿安置方案不符合法律、法规规定的，县级以上地方人民政府应当组织召开听证会，并根据法律、法规的规定和听证会情况修改方案"，土地征收程序的逐步完善有利于保障被征收土地农民所获土地增值收益份额。

农村土地征收中公共利益的清晰界定、土地补偿内容的增加以及补偿标准的提高、土地征收程序的逐步完善都有利于农民获得更高的土地增值收益份额。

二、土地增值收益产生的第二个阶段

第二个阶段土地增值收益的产生过程：在第一阶段将农民集体所有土地的所有权和使用权以征收方式转变为国有土地之后，地方政府再将国有土地的使用权通过协议出让以及招拍挂等方式出让给用地企业。《中华人民共和国土地管理法》（2020）中第五十四条规定，当将国有土地用于国家机关用地和军事用地、城市基础设施用地和公益事业用地、国家重点扶持的能源、交通、水利等基础设施用地以及法律、行政法规规定的其他用地时，经县级以上人民政府依法批准，建设用地可以通过划拨方式取得建设用地。除此之外，建设用地单位使用国有土地，都应该以出让等有偿方式取得。

在土地增值收益产生的第二个阶段，地方政府主要是通过较低价格（土地征收方式）将农民集体所有土地转变为城市国有土地，再以较高价格（协议以及招拍挂等出让方式）将国有土地使用权出让给用地企业，地方政府在土地征收和出让过程中获得土地增值收益份额。

土地增值收益的第二个阶段有以下几方面的特征：首先，地方政府通过协议出让和招拍挂出让国有土地所获土地增值收益份额不同。对于协议出让的国有土地而言，《协议出让国有土地使用权规定》中第五条明确规定："协议出让最低价不得低于新增建设用地的土地有偿使用费、征地（拆迁）补偿费用以及按照国家规定应当缴纳的有关税费之和"，"有基准地价的地区，协议出让最低价不得低于出让地块所在级别基准地价的70%"。对于招拍挂等出让方式而言，《招标拍卖挂牌出让国有土地使用权规定》中第三条明确规定："招标、拍卖或者挂牌出让国有建设用地使用权，应当遵循公开、公平、公正和诚信的原则"，并对不同出让方式的参与主体、出让程序等进行了详细规定，参与主体在市场上公开公平竞争国有建设用地使用权。通过对协议出让和招拍挂出让方式的对比分析发现，协议出让价格一般低于招拍挂出让价格，这也决定了地方政府所获土地增值收益份额的大小。其次，地方政府所获土地增值收益份额的确定。一般而言，地方政府所获土地增值收益份额理解为土地出让收入，而且市县级政府是获得土地出让收入的主体。刘红梅、肖平华、王克强（2010）对土地出让收入的构成进行了划分：（1）税收收入包括和土地、房地产有直接或者间接关系的税收收入；（2）非税收收入包括土地出让金以及和土地相关的行政事业性收入。根据财政预决算报告和财政部历年的财政收支情况等数据显示，我国的土地出让收入总体呈现出上升趋势，由2008年的10375亿元上升到2018年的65096亿元。地方政府财政对土地出让收入的依赖度也处于较高水平。以2016年为例，全国各省市地区的土地出让收入占财政收入的比重平均为31.004%，其中占比高于50%的包括安徽省（55.024%）和福建省（52.332%）两个省份；占比处于40%~50%之间的包括河南省（49.410%）、重庆市（47.354%）、河北省（46.106%）、江西省（44.9275%）、山东省（41.975%）、天津市（41.084%）和海南省（40.586%）7个省市；占比处于30%~40%之间的包括四川省（39.926%）、湖南省（39.477%）、浙江省（39.231%）、广东省

(32.642%)和江苏省（32.591%）5个省份；占比处于20%~30%之间的包括湖北省（28.657%）、甘肃省（28.107%）、广西壮族自治区（27.954%）、山西省（27.082%）、陕西省（25.055%）、辽宁省（24.994%）、上海市（24.063%）、吉林省（22.915%）、宁夏回族自治区（22.517%）和贵州省（20.642%）10个省和自治区；占比处于10%~20%之间的包括黑龙江省（18.161%）、北京市（17.906%）、新疆维吾尔自治区（14.128%）、云南省（12.035%）、内蒙古自治区（11.426%）5个省和自治区；占比处于10%以下的仅有青海省（1.863%）（闫坤、鲍曙光，2019）。从上述数据不难看出，各地区的财政收入都在不同程度上依赖于地方土地出让收入，安徽省和福建省的土地出让收入占地方财政收入的比重分别高达55.024%和52.332%，除青海省占比为1.863%之外，其余省份占比都在10%以上，这也意味着地方政府有意愿出让国有土地使用权，进而分享土地增值收益，这些土地增值收益份额是地方政府发展地方经济的重要资金来源。

三、土地增值收益产生的第三个阶段

第三阶段土地增值收益产生的过程：用地企业通过出让方式获得国有土地后进行开发建设。该阶段是农村土地用途转变之后土地增值收益的最终产生过程，完成了从农业用途到非农用途的转变。该过程中主要体现了用地企业所获土地增值收益的份额。

用地企业分享土地增值收益的形式可以从两个角度来分析：首先，狭义上的理解，即因用地企业获得国有土地使用权方式不同而分享土地增值收益。举一个简单的例子来说明，用地企业主要是通过招拍挂等出让方式从地方政府手中取得国有土地使用权，此时会有一个价格 x_1；假设用地企业可以直接通过市场交易方式从农民手中获得土地使用权的话，会产生另外一个市场交易价格 x_2。则用地企业获得土地增值收益份额可理解为 $x_2 - x_1$。具体而言，如果 $x_1 = 15$ 万元/亩，$x_2 = 20$ 万元/亩，则用地企业获得的土地增值收益份额为5万元/亩。事实上，也可能存

在 $x_2 = 10$ 万元/亩的情形，在这种情况下用地企业并没有即时获得土地增值收益。但现实中可能存在用地企业因各种原因未及时开发土地，该土地价值大幅上升的情况。2013 年 3 月，深圳市规划和国土资源委员会公布了 67 宗闲置土地企业的名单，企业因各种原因而导致土地闲置的高达 36 宗，最长闲置时间为 17 年[①]。其次，广义上理解。用地企业除了以上因交易方式而获得土地增值收益的分享形式外，还有更为广义上的理解。用地企业通过招拍挂方式获得国有土地使用权后，这些土地可能被用地企业进行房地产的开发建设，也可能用于建设工厂。由于用地企业获得了狭义上的土地增值收益份额，这可能为用地企业节省了一部分资本，为用地企业的进一步发展提供支持。事实上，地方政府为招商引资，之前对于工业用地一般采取低地价甚至零地价，用地企业获得了大量土地增值收益收入。之后，国家出台相关法律规定工业用地也必须通过招拍挂等方式出让，但是地方政府一般会采取减税或者免税的方式来吸引用地企业来投资，所有这些都可以看作是用地企业所获土地红利份额的广义理解。

第二节 城镇化与乡村振兴融合发展的关键：土地增值收益的分配

从第一节的分析中不难发现，农民集体所有土地从农民手中到地方政府再到用地企业手中，完成了土地从农业用途到非农业用途的转变，这也是土地增值收益产生的基本过程，土地增值收益在政府、用地企业、村委会和农民之间进行分配。土地增值收益在不同主体之间的分配格局是城镇化与乡村振兴融合发展的关键。

---

① 陈小瑛：《中石化中电信深圳"囤地"》，华夏时报网，2013 年 3 月 16 日，https://www.chinatimes.net.cn/article/35129.html。

一、土地增值收益的两层次分配

土地增值收益的分配过程与农民集体所有土地（所有权和使用权）征收和国有土地（使用权）出让过程是一致的，如图2-1所示。

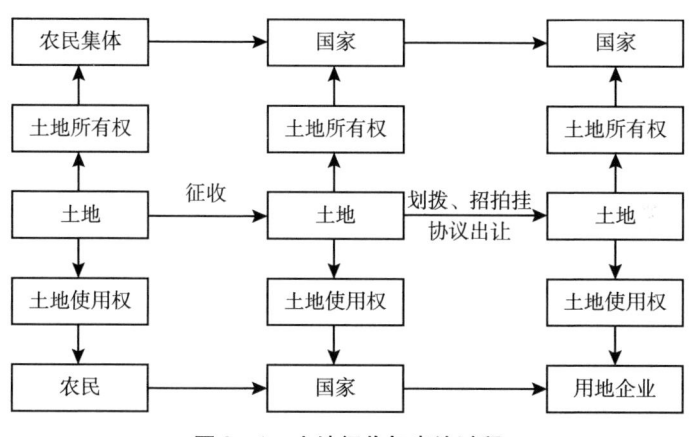

图2-1 土地征收与出让过程

从图2-1土地所有权和使用权的变化过程中不难发现：首先，土地征收的过程中农村土地所有权由农民集体所有转移到国家手中，使用权由农民转移到国家手中，使土地的所有权和使用权统一到国家所有。其次，地方政府以划拨、招拍挂或者协议出让等方式将国有土地转让，但是转让的只是土地的使用权，所有权还是归国家所有，使土地的所有权和使用权再一次发生分离。最后，地方政府、用地企业、村委会和农民四个主体在土地征收和出让过程中分享土地增值收益。《中华人民共和国土地管理法》（2020）第十一条规定："农民集体所有的土地属于农民集体所有的，由村集体经济组织或者村民委员会经营、管理"。实践中的农民集体所有土地更多是由村委会来经营和管理，因此村委会在各种农村事务中扮演着重要的角色。

土地增值收益在不同主体之间的分配可划分为两个层次：第一层次

是在地方政府、用地企业和村委会之间，在该过程中村委会代表农民与地方政府和用地企业展开谈判，谈判能力的高低在很大程度上决定了村委会以及农民所能获得土地增值收益份额的大小。第二层次是村委会在土地增值收益第一层次分配中获得相应份额后，在村集体内部进行第二层次的分配。农村土地的农民集体所有构成了成员权的制度基础，家庭联产承包责任制让农民拥有土地的承包收益权，进而土地增值收益在农民集体内部的分配就会出现成员权与收益权之间的冲突，这将在本书的后面章节讨论。

二、土地增值收益分配对城镇化与乡村振兴融合发展的影响

土地增值收益在地方政府、用地企业、村委会和农民之间进行两层次分配，不同参与主体所获土地增值收益份额不同决定了不同的土地增值收益分配格局，而分配格局的不同又进一步影响到城镇化水平的提高和乡村的振兴发展。因此，土地增值收益分配格局是其影响城镇化与乡村振兴融合发展的关键。

（一）土地增值收益分配格局对城镇化的影响

如前所述，"以人为核心"的新型城镇化可划分为主动城镇化和被动城镇化，其中第一种和第二种类型的主动城镇化都强调有意愿进入城市的农民是否有能力在城市生活，第三种和第四种类型的被动城镇化则强调无论农民主观上是否有意愿和能力进入城市，都会因为他们的土地被征收而被动进入城市。因此，无论是主动城镇化还是被动城镇化，都应注重如何提高进入城市农民在城市生活的能力。土地增值收益可通过直接途径和间接途径对主动城镇化和被动城镇化产生影响。

首先，土地增值收益对主动城镇化和被动城镇化的直接影响。一是对主动城镇化的影响。当处于远离城市地区的农村土地被部分征收时，更多影响的是主动城镇化水平。农民在土地增值收益的两层次分配

中所获土地增值收益份额的多少决定着他们进入城市生活的能力,进而影响到主动城镇化水平。二是对被动城镇化的影响。当处于城市郊区的农村土地被全部征收时,土地增值收益在不同参与主体之间的两层次分配更多影响的是被动城镇化,失地农民的农村户籍将转变为城市户籍,他们所能获得的土地增值收益份额以及收益分配方式(例如短期一次性给予补偿或者长期分期获得土地管理公司分红等)将影响他们在城市生活的能力。

其次,土地增值收益对主动城镇化和被动城镇化的间接影响。间接影响途径可总结为:土地增值收益—地方经济增长—主动城镇化和被动城镇化水平提高—城市用地需求增加、土地供应有限—土地增值收益提高,如此循环反复。从理论角度来看,土地增值收益会呈现出不断增加的趋势,并进一步间接带动主动城镇化和间接城镇化水平的提高。

1. 土地增值收益与地方经济增长

土地出让收入是土地增值收益的重要组成部分,2016年地方政府财政收入中土地出让收入所占比重平均为31.004%,而且不同地区所占比重有所差异,所占比重最高的安徽省和福建省分别高达55.024%和52.332%(闫坤、鲍曙光,2019),土地增值收益成为地方政府财政收入的重要来源。大多数文献验证了土地出让收入对地方经济发展的积极促进作用(谢安忆,2011;薛白、赤旭,2010;杜雪君、黄忠华、吴次芳,2009;辛波、于淑俐,2010;顾乃华、王小霞、陈雄辉,2011;王玉波,2013a,2013b;吕丹、王钰,2013;储德银、费冒盛,2020;詹新宇、苗真子,2020)。但是这种影响可能存在长短期的差异,从短期来看,土地出让收入确实促进了地方经济的发展;但是长期内却呈现出不确定性,土地出让收入可能加剧了经济波动(吕炜、许宏伟,2012;唐鹏、陈尧、肖君,2019)。进一步研究还发现,发达地区和欠发达地区对土地出让收入的依赖度不同,发达地区的依赖程度会减少,而且发达地区和欠发达地区之间的土地出让收入依赖差距会缩小(刘玉萍、郭郡郡、李馨鸾,2012)。

现有文献对土地出让收入影响经济增长的途径也进行了分析。杜雪君、黄忠华、吴次芳（2009）指出土地出让收入通过提高地方政府积极性、增加地方政府的收入支出等途径影响经济发展。陈志勇、陈莉莉（2011）从财税体制改革对经济增长方式改变途径进行了分析，他们指出这种改革一方面使地方政府依赖土地出让收入进行基础设施建设进而促进经济增长，另一方面通过房地产企业带动其他产业进而提高经济发展水平。土地出让收入对经济发展的影响途径还可以理解为通过地方政府官员的晋升激励，地方经济发展水平的高低是考量地方官员晋升的重要衡量指标之一，而地方政府之间的竞争激励地方政府不断依赖土地出让收入（吴群、李永乐，2010；刘佳、吴建南、马亮，2012；李勇刚、高波、许春招，2013）。虽然土地财政促进了地方经济增长，但是这种严重依赖土地出让收入的经济发展方式可能导致经济发展趋势的难以维持，进而造成未来经济发展的不确定性（于长革，2012）。

2. 地方经济增长与土地增值收益

土地增值收益通过不同途径带动了地方经济增长，而地方经济增长也会进一步推动城市市区规模的扩大，并导致农民集体所有土地的征收，城市用地需求的增加与土地供给的有限在很大程度上提高了土地增值收益总额，并进一步提高了村委会以及农民所能获得的土地增值收益的绝对份额，继而推动主动城镇化和被动城镇化水平的提高。

（二）土地增值收益对乡村振兴的影响

党的十九大报告中首次提出实施乡村振兴战略，在坚持农业农村优先发展的基本要求下，按照产业兴旺、生态宜居、乡风文明、治理有效、生活富裕的总要求，建立健全城乡融合发展体制机制和政策体系，加快推进农业农村现代化。其中，产业兴旺是实施乡村振兴战略的首要目标，村委会和农民在第一层次和第二层次分配中获得土地增值收益份额，并通过建立土地股份有限公司以及创办企业带动乡村产业发展，有利于吸引城市人才下（回）乡以及社会资本参与乡村建设，进而实现乡村振兴的战略目标。

首先，村委会在土地增值收益第一层次分配中所占份额的多少在很大程度上决定着乡村发展的水平。《中华人民共和国土地管理法》（2020）第四十八条规定："征收农用地的土地补偿费、安置补助费标准由省、自治区、直辖市通过制定公布区片综合地价确定"，而区片综合地价确定应考虑"土地原用途、土地资源条件、土地产值、土地区位、土地供求关系、人口以及经济社会发展水平等因素"。区片综合地价确定能够在很大程度上决定村委会在土地增值收益第一层次分配中所能获得的份额，村委会代表农民与地方政府就土地补偿费、安置补助费等进行谈判。村委会在第一层次土地增值收益中所占的份额越高，对乡村发展的影响越大。

其次，村委会在土地增值收益两层次分配中可能会扮演不同角色，这也在一定程度上影响当地乡村的经济发展水平。在土地增值收益第一层次分配结束后，村委会在村集体内部进行第二层次的分配，包括农村集体经济组织成员权资格、土地补偿金额以及补偿方式的确定等。村委会可能还会利用土地增值收益成立土地股份有限公司等，村委会还会承担公司管理者的角色，并进一步对乡村发展产生影响。此外，村委会干部可能还存在侵害农民权益的行为。这些都会对乡村的振兴发展产生影响。

（三）土地增值收益格局是城镇化与乡村振兴融合发展的关键

不同主体间土地增值收益份额通过直接途径和间接途径影响主动城镇化和被动城镇化水平的提高，也通过在两层次分配中不同主体份额的不同影响乡村的振兴发展。综上所述，土地增值收益分配格局是城镇化与乡村振兴融合发展的关键所在。

第三节 小　　结

通过第一节和第二节关于农村土地征收视角下城镇化与乡村振兴融合影响机理的讨论，主要有以下两点结论。

第一，农村土地征收对城镇化与乡村振兴融合发展影响的前提是土地增值收益的产生。随着城镇化与工业化水平的不断提高，土地需求增加与土地供应有限的现实背景下，我国城乡二元土地制度安排为土地增值收益的产生提供了制度基础。地方政府通过"征收农民集体所有土地"（所有权和使用权）—农民集体所有土地转变为城市国有土地—再通过招拍挂等方式"出让国有土地使用权"，土地所有权和使用权在不同主体之间的转变过程就是土地增值收益的产生过程。

第二，农村土地征收对城镇化与乡村振兴融合发展影响的关键是土地增值收益在不同主体之间的分配。前面多次强调，无论是主动城镇化还是被动城镇化水平提高的关键就在于提高进城农民在城市生活的能力，即提高他们的土地财产性收入水平，土地增值收益是实现土地财产性收入水平提高的重要途径。乡村的振兴发展缺乏人才、资本等诸多生产要素，村委会以及农民通过获得土地增值收益份额发展乡村经济，有利于进一步带动城市人才下（回）乡以及社会资本进入农村，持续推动乡村的振兴发展。

第三章

农村土地征收视角下城镇化与乡村振兴融合发展的困境

土地增值收益的产生与分配是影响城镇化与乡村振兴融合发展的前提和关键,在这个过程中面临诸多困境,这是本章予以重点关注的。本章主要分为四节,其中第一节主要讨论土地增值收益是否具有可持续性。这对城镇化与乡村振兴融合发展会产生何种影响?第二节讨论土地增值收益分配格局对城镇化与乡村振兴融合发展的影响。不同的土地增值收益分配格局意味着不同主体所能获得的土地增值收益份额不同,进而对城镇化与乡村振兴融合发展产生不同的影响。此外,村委会在土地增值收益的两层次分配中充当着重要角色,村干部在土地增值收益分配过程中的行为也会影响到土地增值收益的分配格局,进而影响城镇化与乡村振兴的融合发展。第三节主要讨论土地增值收益第二层次分配中成员权与收益权的冲突困境。第四节为小结,总结本章的主要内容。

第一节 城镇化与乡村振兴融合发展困境: 土地增值收益可持续性视角

土地增值收益是促进城镇化与乡村振兴融合发展的基本前提,无论土地增值收益通过何种途经对城镇化与乡村振兴的融合发展产生影响，土地增值收益的可持续性都是一个值得重点关注的问题。如前所述，土地增值收益—城镇化与工业化水平的提高—土地需求增加与城市土地供应有限—农民集体所有土地征收—土地增值收益产生—土地增值收益分配—城镇化与工业化水平提高—……—土地增值收益产生，如此循环反复，从理论上来讲，土地增值收益具有可持续性。但从现实角度来看，土地增值收益的可持续性值得深入讨论，这对城镇化与乡村振兴的融合发展将产生重要影响。基于以上分析，本节主要包括以下几个部分：第一部分为了更好地讨论土地增值收益对经济增长的影响，先讨论土地作为一种生产要素，如何影响经济增长？该部分将通过对以往国内文献进行简单的梳理来阐述这个问题。第二部分构建包括土地用途转变、土地增值收益的扩展索罗模型（Solow model），讨论土地用途转变、土地增值收益对经济增长的影响。第三部分从土地增值收益变化趋势角度讨论土地增值收益的可持续性问题，并进一步讨论其对经济增长的影响。

一、土地与经济增长

古典经济学家早就开始关注土地要素的重要性。他们认为土地是财富之母，在经济发展中起着重要的作用，但土地作为一种特殊的生产要素，不变的土地总量在一定程度上制约经济增长。但新古典经济学家们认为资本和技术能够改变土地对经济增长的抑制作用，还进一步指出资本积累和技术进步才是经济增长的关键所在。虽然土地在经济模型中的地位下降，但是土地与经济增长之间关系的研究众多。

国内有大量的文献对土地如何影响经济增长展开研究，从研究角度来看可以大致分为两大类：

第一，从全国（某一个区域）或者某个地区角度来研究土地对经济增长的贡献度。丰雷、魏丽、蒋妍（2008）的研究表明土地要素对我国经济增长的贡献率在11%左右，不同地区呈现出差异性。姜海、夏燕榕、曲福田（2009）通过1999~2007年的数据测度了建设用地增加对经济增长的产出弹性为0.083，不同发展水平地区建设用地的产出弹性不同，经济越为发达的地区产出弹性越低。李名峰（2010）通过对1997~2008年的数据分析认为土地要素的贡献率为20%~30%。叶剑平、马长发、张庆红（2011）利用空间面板数据的分析认为，以往的文献忽略了空间联系进而低估了土地要素对经济增长的贡献率，他们的进一步研究还发现，1989~2009年、1992~2000年以及2001~2009年三个时间段的土地贡献率不同，呈现出下降再上升的变化趋势（分别为19.31%、13.93%和26.07%）。徐志文、谢方（2015）构建包含土地要素、资本和技术三者的经济增长固定替代弹性（CES）生产函数，并利用2000~2012年的省级面板数据讨论了土地要素对经济增长的重要作用。李明月、张志鸿、胡竹枝（2018）以广东省为例，通过1996~2016年的面板数据讨论了土地要素作为资源属性和资产属性对广东省经济增长的影响，其中土地要素的资源属性对广东省经济增长的贡献率为20.82%，土地要素的资产属性的贡献率为19.62%。

龙奋杰、郭明（2009）以2000~2006年地级数据分析了城市土地供给对城市增长的影响，结果表明随着时间的推移，产业用地供给与国内生产总值之间的正相关逐步减弱。李明月、胡竹枝（2005）利用上海市土地交易价格测度出上海市的土地要素对经济增长的贡献率为4.74%。陈伟、严长清、吴群、李永乐（2011）通过对江苏省开发区土地要素对经济增长的贡献研究时发现，虽然土地要素对经济增长有促进作用，但是土地容易被资本要素所替代。农村土地从农业用途转变为城市用地时，土地价格大幅上涨。从东部地区来看，土地价格每上升1%会促进国内生产总值（GDP）上升0.225%（柴志春、赵松、李众敏、吴凌燕，2009）。王建康、谷国锋（2015）构建了中国285个地级市2003~2012年的空间面板数据模型，讨论了城市建设用地对经济增长的重要影响。研究发现，土地要素对地区经济增长具有正向影响，而且还会对周边地区的经济发展产生空间溢出效应。此外，土地要素对东中西部地区的经济增长的贡献程度依次递减。斯日吉模楞（2019）利用全国省级面板数据的固定效应模型进行研究发现，无论是全国还是东中西部分区数据都表明城市土地扩张与经济增长之间均存在"倒 U 型"关系。地方政府在土地用途转变过程中也获得了大量的土地增值收益，以 2010 年为例，地方政府所获土地增值收益占当年财政收入的 35%，所以这部分资金对经济增长具有重要的作用。但是城镇化水平和人均 GDP 的不同，土地出让金的影响也呈现出差异性，具体而言，土地出让金对城镇化水平和人均 GDP 较低的地区具有重要的影响，但是对两个指标较高的地区，其作用是呈现出下降趋势的（张昕，2011）。

第二，对土地问题研究的第二个方向就是土地资源如何限制了经济发展。土地资源数量的有限性在一定程度上限制了经济发展。杨杨、吴次芳、郑娟尔（2007）运用二级三要素 CES 生产函数测度了土地资源的"增长阻尼"（增长尾效，growth drag），土地资源固定下经济增长速度比按照一定比例增加情况下降低了 0.46%。刘耀彬、陈斐（2007）测度出来的土地资源的"尾效"为 0.003557703。谢书玲、王铮、薛俊波（2005）测度出来的水资源和土地资源对经济增长影响的"尾效"分别为 0.001397 和 0.013201，土地和水资源的"增长尾效"为 0.014548。薛俊波、王铮、朱建武、吴兵（2004）认为土地资源对我国经济的"增长尾效"大约为 1.75 个百分点。崔云（2007）认为 1978～2005 年土地对我国经济增长的"尾效"平均每年约为 1.26%。王家庭（2010）指出不同区域土地对我国经济增长的尾效差异较大，随时间变化的差异也较大。陈先强（2016）利用 1995～2014 年间武汉城市圈的数据讨论了土地要素对经济增长的每年的平均尾效为 1.97%，而且不同城市土地要素的尾效存在差异。赵蔡晶、吴柏钧、吴玉鸣（2018）基于罗默（Romer）资源约束的经济增长尾效效应，采用空间面板数据讨论土地要素对长三角 16 个城市的经济增长尾效效应，研究发现土地资源对该地区的经济增长尾效约束平均约为 1.8%。此外，因不同城市的经济发展阶段等条件差异，土地资源对城市经济增值的尾效也有所不同。

现有文献更多关注土地要素本身与经济增长之间关系的研究，对土地用途的转变以及土地增值收益与经济增长关系的研究则相对较少。因此,接下来的部分在索罗(Solow)基本模型的基础上引入土地要素和土地增值收益,并根据我国土地制度的城乡二元特征进一步将土地划分为农村土地和城市国有土地。

二、土地用途转变、土地增值收益与经济增长:一个基本模型

索罗模型是宏观经济增长理论中最基本的模型,主要包括产出(Y)、资本(K)、劳动力(L)和知识(A),基本生产函数为:

$$Y(t) = F[K(t), A(t)L(t)] \qquad (3-1)$$

扩展的索罗模型将自然资源(R)和土地(T)引入增长模型中,具体生产函数为:

$$Y(t) = K(t)^{\alpha} R(t)^{\beta} T(t)^{\gamma} [A(t)L(t)]^{1-\alpha-\beta-\gamma} \qquad (3-2)$$

沈坤荣、李影(2010)在此基础上将模型简化为只包含能源的模型,薛俊波、王铮、朱建武、吴兵(2004),崔云(2007),王家庭(2010)等学者将模型简化为只考虑土地要素对经济增长的作用,所以生产函数设定为:

$$Y(t) = K(t)^{\alpha} T(t)^{\beta} [A(t)L(t)]^{1-\alpha-\beta} \qquad (3-3)$$

现有的文献都是将土地看作一种固定的生产要素,模型中土地的动力学方程式为:

$$\dot{T}(t) = 0 \qquad (3-4)$$

事实上,这种分析忽略了一个基本的事实:农村土地和城市(建设)用地对经济增长的影响途径是有差异性的。当农村土地用于农业生产时,主要通过第一产业来影响经济增长。当农村土地被征收成为城市国有土地时,其主要是通过为第二、第三产业提供生产场所间接影响经济增长。正如前面提到的,当土地使用权从农民手中转移到用地企业过程中所产生的土地增值收益对经济增长也产生了积极的促进作用,本书将土地要素以及土地增值收益加入增长模型中,并进一步划分农村土地和城市国有土地,进而模型设定为:

$$Y(t) = K(t)^{\alpha} T_1(t)^{\beta_1} T_2(t)^{\beta_2} LD(t)^{\gamma} [A(t)L(t)]^{1-\alpha-\beta_1-\beta_2-\gamma}$$

$$(3-5)$$

其中 $\alpha>0$，β_1，$\beta_2>0$，$\alpha+\beta_1+\beta_2+\gamma<1$；$T=T_1+T_2$，其中 T 代表土地要素总量，它保持固定不变的。几个变量的简单解释：

首先，产出 Y。它可以简单地理解为当年的国内生产总值（GDP），现有的实证文献中更多地将 Y 理解为第二、第三产业的总产值或者增加值，其主要目的是自变量数据的可获得性，包括资本、劳动力以及土地资源的数据（丰雷、魏丽、蒋妍，2008），而且也能够进一步测算出土地要素对经济增长的贡献度（李名峰，2010）。

其次，土地增值收益 LD。土地增值收益在地方政府、用地企业、村委会和农民等主体之间展开分配，进一步通过不同途径影响经济增长。其中地方政府所获土地增值收益弥补了财政收支缺口，为经济增长提供资金支持。用地企业以低于市场价格获得了国有土地的使用权，那部分土地增值收益为用地企业提供资本支持进而影响经济发展。由于被征收的农村土地所处的地理位置（距离城市的远近）以及被征收土地面积占农民拥有土地面积的比例等因素的影响，农民获得土地增值收益后影响经济增长的途径稍显复杂：一是距离城市较远且部分被征收的情形。这种情形下获得土地增值收益份额的农民通过提高消费水平、发展乡村产业以及进入城市生活等诸多途径对经济增长产生影响。距离城市较远而又被完全征收的情形在现实中并不多见，本书不做重点讨论。二是距离城市较近且被完全征收的情形。在这种情形下，农民被动进入城市变为城市居民，他们所获土地增值收益份额的高低会通过消费、劳动力供给以及发展集体经济等方式影响经济增长。如果农民所获土地增值收益份额较高，那么可能会增加消费，而减少劳动力供给；相反，如果农民所获土地增值收益份额较低，消费水平可能会有小幅上升，而劳动力供给可能会增加。

再次，资本 K 和劳动力 L。张军、章元（2003），张军、吴桂英、张吉鹏（2004），单豪杰（2008）等都对资本 K 进行了估算，它包括非农业部门、农业部门、人力资本等多个方面。事实上，资本 K 中包含着土地增值收益的份额，但是在公式（3-5）的理论模型中将二者分开，目的就是分析土地增值收益与经济增长之间的关系。关于劳动力 L。它主要是指工作、失业以及正在寻找工作的人，在实证文献中针对不同的研究目的，所使用的数据存在差异。

最后，土地资源 T_1 和 T_2。T_1 是属于农民集体所有的土地（农村土地），主要包括耕地、园地、林地、牧草地、畜禽饲养地、设施农业用地、农村道路、坑塘水面、养殖水面、农田水利用地、田坎以及晒谷场等用地[①]；T_2 表示城市（建设）用地，主要包括居住用地、公共设施用地、工业用地、仓储用地、对外交通用地、道路广场用地、市政公园设施用地、绿地、特殊用地、水域和其他用途。

在公式（3-5）中，α、β_1、β_2、γ 分别表示资本、农业用地、城市用地和土地红利的产出弹性。其中，$\dot{K} = sY(t) - \delta K(t)$；$\dot{L} = nL(t)$；$\dot{A} = gA(t)$，关于土地要素和土地增值收益的动力学方程式是我们关注的重点。

首先，土地要素的变化。模型中将土地划分为农村土地和城市国有土地，二者构成了土地的总量。其中农村土地的数量呈现出下降的趋势，而城市国有土地数量呈上升趋势。城市用地数量的增加就意味着农村土地的减少，事实上，土地资源数量的固定性使得土地资源的变化呈现出一种此（农村土地）"消"彼［城市（建设）用地］"长"的一种关系。从理论上来讲，农村土地减少量和城市国有土地的增加量是相等的，即：

$$\Delta T_1(t) = \Delta T_2(t) \quad (3-6)$$

但事实上，同期二者之间数量的变化可能并不等同，可能的原因在于地方政府当年征收的农民集体所有土地，并没有在当年直接出让给用地企业。我们更为关注土地数量呈现出何种变化趋势，参考沈坤荣、李影（2010）对能源变化的设定方式，农村土地减少的动力学方程式可以写为：

---

① 本书后面章节主要讨论的是农村耕地。

$$\dot{T}_1(t) = -b_1 T_1(t) \quad \text{其中 } b_1 > 0; \quad (3-7)$$

相反，城市国有土地的动力学方程式为：

$$\dot{T}_2(t) = b_2 T_2(t) \quad \text{其中 } b_2 > 0 \quad (3-8)$$

其中，b_1 和 b_2 分别表示农村土地减少的速度和城市国有土地增加的速度。其中 b_1 可以进一步理解为每年农民集体所有土地转变为国有土地的面积，即农业用地减少的面积；b_2 为地方政府每年出让给用地企业的国有土地面积，即城市用地增加的面积。正如前面所述，同一时期减少的农民集体所有土地面积和增加的城市国有土地面积并不一定等同，即 $b_1 \neq b_2$。

此外，对于 b 的假设暗含着土地变化的速度是保持不变的，这种假设与现实的情况存在一定的差距。但是土地变化（增加或者减少）速度不变的假设能够为本节分析提供方便，同时这种假设对研究结论不会产生根本性的影响。

其次，土地增值收益的变化。土地增值收益是在农民集体所有土地转变为城市国有土地后出让土地使用权过程中产生，并进一步在地方政府、用地企业、村委会和农民等不同主体之间分配。农民集体所有土地转变为城市国有土地是土地增值收益产生的前提，这种用途转变的土地数量是有限的，这种有限性体现在两个方面：其一，土地作为一种自然资源，其数量本身的有限性；其二，为了保证国家粮食安全等方面的考虑，必须要保证一定数量的农业用地，这也限制了农民集体所有土地转为城市国有土地后产生土地增值收益的持续性，这些特征决定了土地增值收益规模的变化趋势。

事实上，土地增值收益规模的大小实际上取决于两个方面的因素：其一，农民集体所有土地转变为城市国有土地的数量为 T；其二，国有土地出让价格，假设地方政府出让国有土地使用权时的价格为 P。那么土地增值收益规模会出现以下几种情况：第一，如果 T 较低，P 较低，土地增值收益规模较低；第二，如果 T 高，P 低，土地增值收益规模不会太大；第三，如果 T 较高，P 较高，土地增值收益规模较大；第四，如果 T 较低，P 较高，土地增值收益规模较大；但是当 T→0，P 较高，此时的土地增值收益规模也较低。在现实中，土地增值收益规模经历了一个"低—高—低"的一个过程，其中"低"可以是上面情形中的第一种和第二种，"高"可以是上面情形中的第三种，最后的下降可以是第四种中的T→0，P↑的情形。因此，土地增值收益规模的变化趋势如图3-1所示。

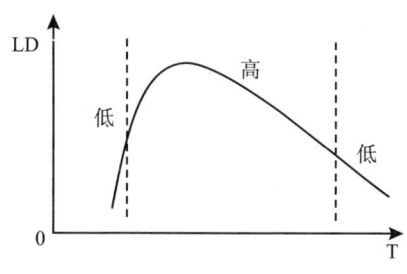

图3-1　土地增值收益规模变化趋势

通过前面的分析，本节将土地增值收益的动力学方程式设定为：

$$\dot{LD}(t) = \theta LD(t) \quad (3-9)$$

其中，θ（θ≠0）表示土地增值收益变化的速度。当θ>0时，表示土地增值收益增加的速度；当θ<0时，表示土地增值收益减少的速度。

综上可以计算平衡增长路径上各变量的变化，对式（3-5）两边取对数：

$$\ln Y(t) = \alpha \ln K(t) + \beta_1 \ln T_1(t) + \beta_2 \ln T_2(t) + \gamma \ln[LD(t)]$$
$$+ (1-\alpha-\beta_1-\beta_2)[\ln A(t) + \ln L(t)] \quad (3-10)$$

再对式（3-10）时间取导数：

$$g_Y(t) = \alpha g_k(t) + \beta_1 g_{T_1}(t) + \beta_2 g_{T_2}(t) + \gamma g_{LD}(t)$$
$$+ (1-\alpha-\beta_1-\beta_2)[g_A(t) + g_L(t)] \quad (3-11)$$

其中，$g_{T_1}(t) = -b_1$；$g_{T_2}(t) = b_2$；$g_A(t) = g$；$g_L(t) = n$；$g_{LD}(t) = \theta$；$g_Y = g_K$（平衡增长路径），进而式（3-9）可以改为：

$$g_Y(t) = \alpha g_Y(t) + \beta_1(-b_1) + \beta_2 b_2 + \gamma\theta$$
$$+ (1 - \alpha - \beta_1 - \beta_2)(g + n) \quad (3-12)$$

整理得：$g_Y(t) = \dfrac{(\beta_2 b_2 - \beta_1 b_1) + \gamma\theta + (1 - \alpha - \beta_1 - \beta_2)(g + n)}{1 - \alpha}$

$$(3-13)$$

三、基本模型的讨论分析

(一) 均衡状态的讨论

从式 (3-13) 中可知土地、技术以及劳动力等对经济增长的作用。具体而言，技术进步和人口增长对经济增长具有促进作用，其中技术进步的影响大小为 $\dfrac{(1-\alpha-\beta_1-\beta_2)g}{1-\alpha}$；人口的影响为：$\dfrac{(1-\alpha-\beta_1-\beta_2)n}{1-\alpha}$；本节更为关心的问题有以下两点。

1. 土地用途转变与经济增长

土地用途转变（农业用途到非农用途的转变）对经济增长的影响则显得略复杂一些。从式 (3-13) 可知，土地用途转变的影响要取决于 $\beta_2 b_2$ 和 $\beta_1 b_1$ 的大小，其中 β 是土地的产出弹性，b 是土地数量变化的速度。如果将 b 理解为 x 亩/年，这就可以进一步理解为每年土地变化的面积大小，由于城市国有土地主要是通过农业用地转变而来，所以这就意味着每年转变为城市用地的数量要小等于转变用途的农业用地[①]，即：

$$b_2 \leqslant b_1 \quad (3-14)$$

那么 βb 则可以进一步理解为每年 b 亩土地变化导致的产出变化。因此，土地用途转变对经济的影响取决于 $\Delta = \beta_2 b_2 - \beta_1 b_1$ 的符号。具体而言，当 $\Delta > 0$ 时，土地用途转变促进了经济的发展；相反，当 $\Delta < 0$

---

① 为了分析问题的方便暂不考虑有上一年留存的城市建设用地情况。

时，土地用途转变对经济增长则产生了一定的抑制作用。

事实上，进一步的讨论中可以发现，土地用途的转变对经济增长的影响存在诸多途径，主要从以下几个方面来考虑：

首先，从农业用途到非农用途最直接的一个影响就是减少了用于粮食生产的土地，会进一步影响到未来农业的产出。国家出于粮食安全的考虑，提出了18亿亩耕地红线的限制，其目的就是防止耕地的大幅下降。祁毓、秦小莉、姜文婷（2011）就曾指出，由于粮食生产变化会导致一系列的波动以及连锁反应，粮食供给的稳定和粮食安全的保障是地方政府的首要战略任务。在关注农村土地（耕地）数量的同时更应该关注土地的有效集约利用问题，这也能够在一定程度上提高农村土地（耕地）的利用效率（刘成武、李秀彬，2006）。

其次，不同的土地用途对经济增长的影响存在差异。当土地用于农业用途对经济增长的贡献度和城市国有土地是不同的。直观上来看，城市（建设）用地对经济增长的贡献度要高于农业用地。但事实上并非如此，原因在于以下两点：

其一，两种土地用途（农业用途和非农用途）结构的差异性。如前所述，农业用地中可以细分为耕地、林地以及园林地等，城市用地可以分为居住用地、工业用地等。当农业用地转变为城市用地时，这种土地用途的转变对经济增长的净影响（农业用地减少造成产出的变化量与城市用地增加导致产出变化量之差）呈现出不确定性，原因就在于农业用途和非农用途土地利用结构的差异性。进一步可以通过 $\Delta = \beta_2 b_2 - \beta_1 b_1$ 来说明。由式（3-14）$b_2 \leqslant b_1$ 可知只有当城市用地的产出弹性大于农业用地的产出弹性时才能导致 $\Delta > 0$，即土地用途转变对经济增长的净影响为正。土地利用结构的差异性可以从两个层次上来分析：第一个层次是单片土地农业用途和非农业用途产出弹性的比较（面积的比较）；第二个层次是某一地区（全国或者某省等）土地用途发生改变的净值。

其二，从动态角度来看，不同时期土地利用结构不同所导致的对经济增长影响的差异性。一方面，自新中国成立以来，土地产权制度改革的不断推进大大激发了农民的生产积极性,在很大程度上释放了农业生产力。但是受自然条件、农业技术发展等多种因素的影响,农业产出一旦达到极值后很难在短时间内有较大的提高。另一方面,不同时期城市国有土地的产出弹性也会发生变化,进而影响经济增长。

最后,不同地区土地用途结构的差异性对经济增长有不同影响。在一些实证研究中发现,农村土地(耕地)和城市居民用地数量的变化对东部地区和西部地区的经济增长影响正好相反。具体而言,农村土地(耕地)数量的减少和居住用地面积的增加促进了东部地区的经济增长,而西部产生了相反的影响。进一步的研究还表明,未经开发利用的土地对各地区的影响呈现出不确定性。农民集体所有土地转变为城市国有土地的供应方式在一定程度上限制了沿海地区的经济发展,但是对内陆地区并没有产生影响,这种土地供应方式对经济增长的影响大于投资(国内和国外投资)、劳动力和政府支出的影响。土地用途结构的调整可以改变其对经济增长的影响,这种结构调整可以发生在跨区域地区。例如,陆铭(2010,2011)通过利用1990~2006年的数据测度土地的使用效率表明:城市的土地利用效率与距离大港口的远近呈现出负相关关系,因此,城市距离大港口越远,其土地利用效率越低。进一步含义是建设用地指标跨区域的可交易性能够进一步推动城镇化和工业化的进程。

2. 土地增值收益与经济增长

如前所述,土地增值收益规模必然会经历"低—高—低"这样一个过程,在每个过程中土地增值收益所起到的作用是不同的,土地增值收益的不同分配格局对经济增长也会产生不同的影响。

(1)土地增值收益规模变化的三个阶段。一是土地增值收益规模变化的第一个阶段:低。在这个阶段,城市用地需求的变化使农民集体所有土地转变为城市国有土地的数量呈现出不断增加的趋势。在这个阶段中,国有土地出让的价格较低,整体的土地增值收益规模较小。这也就进一步决定了土地增值收益在地方政府、用地企业、村委会和农民等主体之间分配的份额都较低。二是土地增值收益规模变化的第二个阶段：高。城镇化水平的不断提高和工业化进程的不断推进，城市用地需求不断增加与土地供给的有限导致了国有土地出让价格的攀升，这也就进一步促进了土地增值收益规模的扩大。当土地增值收益规模较高时，不同主体之间的不同土地增值收益分配格局对经济增长会产生不同的影响。不同主体当前所获土地增值收益份额可以表示为：

地方政府、用地企业、村委会（农民）= 高、高、低

这种土地增值收益分配格局对经济发展起到了积极的促进作用，但是它是以牺牲被征收土地农民的利益为代价的，这种方式并不能持久下去。三是土地增值收益规模变化的第三个阶段：低。第三个阶段中的"低"是农民集体所有土地转变为城市国有土地的规模下降，进而导致土地增值收益规模的下降。可能的原因之一就是国家为了保证粮食安全必须要保证一定数量的农民集体所有土地从事农业生产。

（2）土地增值收益如何继续支持经济增长。进一步地讨论当前的土地增值收益分配，不同主体的土地增值收益份额为：

地方政府、用地企业、村委会（农民）= 高、高、低

其中，地方政府所获土地增值收益份额较高，有力推动了地方经济发展，大量的实证研究也验证了这一点（薛白、赤旭，2010；杜雪君、黄忠华、吴次芳，2009；储德银、费冒盛，2020；詹新宇、苗真子，2020；唐鹏、陈尧、肖君，2020）。用地企业获得土地增值收益后进一步推动了自身的发展，进而促进了当地经济发展。在土地增值收益的两层次分配中，村委会以及农民所获土地增值收益份额相对较低，不利于乡村的发展与城镇化水平的提高。

通过对当前土地增值收益分配格局的分析中不难发现，这种分配格局更加侧重于通过推动工业化发展来促进经济增长。这从地方政府所获土地增值收益份额的用途以及用地企业所获的较高土地增值收益份额中能够反映出来，这种通过推动工业化进而促进经济增长的方式需要源源不断的农转非土地供应，而农转非（农民集体所有土地转变为城市国有土地的过程）土地供应的有限性决定了土地增值收益推动经济发展方式的不可持续性。

进一步地，可以通过前面的式（3-9）设定来说明，即 $\dot{L}D = \theta LD(t)$，其中的 θ 具体划分为 $\theta > 0$ 和 $\theta < 0$ 两种情况，这种假定表明土地增值收益增加或者减少的速度不变。事实上，当前的土地增值收益规模呈现出逐年增加的趋势，属于 $\theta > 0$ 的情形，在这种情形下，通过推动工业化来影响经济发展的方式能够持续下去。但是随着农民集体所有转为城市国有土地数量的减少（T↓），用地需求保持不变或者增加时，必然导致土地出让价格的上升（P↑），这时土地增值收益规模也较高，但是土地增值收益分配格局可能发生了改变：

地方政府、用地企业、村委会（农民）= 高、低、低

在这种情形下，只有地方政府获得了较高的土地增值收益份额，用地企业和农民所获土地增值收益份额较低。这进一步导致了用地企业的用地成本大大增加。随着城市周边大量的土地被征收，数以万计的农民转变为城市居民，这个过程中涉及政治权利、经济权利以及社会权利等多个方面的考虑（魏建，2010）。如果大量面临转变为市民的农民所获土地增值收益份额较低，这也进一步影响到被动城镇化水平的提高。土地增值收益规模的这种变化可能就产生了两个方面的负面影响：其一，导致了土地增值收益通过工业化进而推动经济增长方式的不可持续性；其二，阻碍了农民市民化进程的顺利进行，不利于城镇化水平的提高。

当土地增值收益规模下降时，即 $\theta < 0$ 时，地方政府和用地企业所获土地增值收益的份额的绝对量呈现出下降趋势，这进一步导致了当前土地增值收益分配格局对经济增长所产生的负面影响。

（二）模型的扩展：b 和 θ 的动态变化

1. b 的动态变化

前面的分析假设耕地减少的速率 b_1 和城市（建设）用地增加的速率 b_2 都是保持不变的，这一假设显然与现实不符。b_1 和 b_2 处于动态的变化之中，我们设定为 $\hat{b}_1$ 和 $\hat{b}_2$ 来表示耕地减少速率的变化和城市用地增加速率的变化，进而可以将式（3-7）和式（3-8）改写为：

$$\dot{T}_1(t) = -\hat{b}_{1j}T_1(t) \quad (3-15)$$

$$\dot{T}_1(t) = -\hat{b}_{2j}T_1(t) \quad (3-16)$$

其中，j=1，2，3……表示第1年、第2年……；例如$\hat{b}_{11}$表示第1年耕地减少的速度。

相应地，式（3-12）可以改写为：

$$gY(t) = \frac{(\beta_2\hat{b}_{2j} - \beta_1\hat{b}_{1j}) + (1-\alpha-\beta_1-\beta_2)(g+n)}{1-\alpha} \quad (3-17)$$

进而 n 年土地用途转变的影响取决于：

$$\Delta_0 = \sum_{j=1}^{n}(\beta_2\hat{b}_{2j} - \beta_1\hat{b}_{1j}) \quad (3-18)$$

接下来我们要考虑两个问题：第一，长期的动态影响。不同年份土地用途转变对经济增长的影响可能存在差异。如果第一年的影响为负，第二年的影响可能为正，n 年的总影响则要取决于不同年份加总的净影响；第二，土地开发利用时间的考虑。地方政府为了获得更高的土地增长收益，每年通过征收获得的土地不会全部都"转让"出去，可能会等待土地的增值。另外房地产开发商在第一年获得的土地，可能不会马上投入开发，造成土地的闲置与浪费现象非常严重。这可能会导致式（3-18）中$\hat{b}_{2j}$远远小于$\hat{b}_{1j}$，但是也可能会造成$\hat{b}_{2j}$远远大于$\hat{b}_{1j}$，不同年份土地的贡献程度可能会产生变化，进而影响式（3-18）的结果。

2. θ 的动态变化

关于 θ 动态变化的考虑。可以将式（3-9）改写为：

$$\dot{LD}(t) = \hat{\theta}LD(t) \quad (3-19)$$

其中$\hat{\theta}>0$和$\hat{\theta}<0$中的 θ 是变化的，表示当土地增值收益规模呈现增加趋势时，其每年增加的幅度是变化的。同理，当土地增值收益规模减小时，其每年减少的幅度也是不同的。但是这种变化并不会影响到本书的基本结论。

四、土地增值收益的可持续性讨论

本节首先就已有文献中土地与经济增长之间关系的研究进行了全面

分析，并在此基础上构建包括土地用途转变、土地增值收益与经济增长之间关系的理论模型，深入探讨了土地增值收益对经济增长可能产生的影响。通过上述分析，本节得到以下几个基本结论。

第一，土地增值收益的规模呈现出"低—高—低"阶段特征，不同的土地增值收益阶段对经济增长产生不同影响。如前所述，城镇化与工业化水平的提高—土地需求增加与城市土地供应有限—农民集体所有土地征收—土地增值收益产生—土地增值收益分配—城镇化与工业化水平提高—……—土地增值收益产生，土地增值收益与经济增长之间呈现出一个循环往复特征，但土地增值收益最终会呈现出低水平状态，其对经济增长的影响将会逐步减弱，这也会进一步影响到城镇化与乡村振兴的融合发展。刘守英、王志锋、张维凡、熊雪锋（2020）利用2009～2017年间的地级面板数据也进一步验证了上述观点。他们发现，20世纪90年代以来"以地谋发展"模式带动了地方经济增长，但随着我国经济发展进入转型时期，"以地谋发展"模式对经济增长的拉动作用已经无法持续。

第二，在土地增值收益具有不可持续性的背景下，土地增值收益分配格局对城镇化与乡村振兴的融合发展的影响就更为重要。当前土地增值收益处于"高"水平阶段，土地增值收益分配格局呈现出"地方政府、用地企业、村委会（农民）"＝"高、高、低"特征，当前的土地增值收益分配格局对城镇化与乡村振兴的融合发展产生诸多不利影响，这也是本章第二节将要重点讨论的问题。

第二节　城镇化与乡村振兴融合发展困境：土地增值收益分配格局视角

不同的土地增值收益分配格局对城镇化与乡村振兴的融合发展产生不同的影响。如前所述，土地增值收益的产生需要经过农民集体所有土地的征收和被征收后转变为国有土地的出让过程，并进一步在地方政府、用地企业、村委会、农民等不同主体之间分配,不同主体之间的土地增值收益份额不同,地方政府和用地企业所获土地增值收益份额较高,而农民所获土地增值收益份额较低,即当前土地增值收益分配呈现出"地方政府、用地企业、村委会(农民)"="高、高、低"格局,并呈现出"重工业化、轻城镇化、弱乡村发展"的土地增值收益分配特征(张广辉、魏建,2013)。该特征对城镇化与乡村振兴的融合发展产生重要影响。此外,村委会在土地增值收益的两层次分配中扮演着重要角色,也会在一定程度上影响城镇化与乡村振兴的融合发展。

一、土地增值收益分配格局的"重工业化"特征

"重工业化"特征主要表现在地方政府和用地企业获得较高的土地增值收益份额进而通过不同的途径影响经济发展。首先,在分税制改革背景下,"财权上移、事权下放"使土地增值收益份额成为地方政府的重要财政资金来源,进一步通过投资等方式促进工业化的发展,进而带动经济的发展。其次,工业用地和房地产用地是地方政府土地出让后的主要用途,这二者为地方经济的发展都起到了积极的促进作用,但是二者影响经济发展的途径存在差异。其中工业用地企业获得农地增值收益的方式发生过改变。2007年之前,地方政府主要以低价或者零低价将国有土地使用权出让给工业用地企业。2007年以后,工业用地主要采用招拍挂等方式出让,有些地方政府可能会采取免税等方式将土地增值收益返还给工业用地企业。工业用地企业是地方经济发展的重要力量,"让利工业用地企业"的土增值收益分配方式在一定程度上促进了地方经济增长。房地产用地企业则需要支付较高的土地出让价格,这部分价格的很大一部分变为地方政府的土地增值收益份额,通过地方政府的途径促进经济发展。此外,房地产企业通过直接从地方政府手中获得国有土地使用权,而非直接从农民(村集体)手中获得土地使用权,获得土地使用权两种方式价格之差就是房地产用地企业所获得的土地增值收

益，进而为经济发展做出贡献。

二、土地增值收益分配格局的"轻城镇化"特征

土地增值收益分配的"轻城镇化"特征主要表现在以下几个方面。

首先，"被动城镇化"进程中的"轻城镇化"特征。当距离城市较近的农民集体所有土地被征收后，农民转变为市民，形成一种"被动城镇化"过程。农民"被动"进入城市体系中，而不是农民主观上自愿进入城市。在城市郊区的一些地区存在很多的"城中村"，那些村民依靠出租房屋获得较高而且稳定的收入来源。当农村土地被征收后，他们就失去了稳定的收入来源，完全进入城市体系后，政治权利、经济权利和社会权利的实现都存在诸多的障碍。三个权利体系中，经济权利是核心（魏建，2010），进入城市体系后，经济权利的实现主要是通过雇佣就业来实现，但是没有专业农业技能的农民很难通过雇佣就业来实现城市权利体系中的经济权利，这也就进一步影响农民市民化的顺利进行。农民转变为市民，不能获得稳定的收入来源可能会导致犯罪率的上升、社会的不稳定等问题的出现，就业上的不稳定，进而会影响到收入上的不稳定和消费上的不稳定，这些都会对经济增长产生负面影响，进而影响到被动城镇化水平的提高。

其次，"主动城镇化"进程中的"轻城镇化"特征。处于距离城市较远被征收土地的农民可能会通过工业化进入城市中生活，但是通过第二、第三产业吸引失地农民进入城市体系的能力有限。在当前的土地增值收益分配格局中，失地农民所获得的土地增值收益份额较低，并不能为失地农民顺利进入城市体系提供足够的货币资本。他们进入城市后的就业也存在诸多困难，浙江省人民政府研究室课题组（2003）对浙江省5个市的实地调研中指出，在所调查的地区无专业技能人占绝大多数（77.9%），除安置和从事农业外，找不到工作的比例仍然高达28.65%，职业分化现象非常普遍。在失地农民就业较为困难和较低土地增值收益份额的前提下，使得他们进入城市体系的"资本"缺失，

进而影响到主动城镇化水平的提高。

最后，土地增值收益规模的变化趋势在一定程度上影响主动城镇化和被动城镇化水平的提高。农民所获得土地增值收益份额都是主动城镇化和被动城镇化水平提高的关键，但农民在当前的土地增值收益分配中所获份额相对较低，不利于推进城镇化进程。如果不改变当前的土地增值收益分配格局，土地增值收益规模的变化会导致失地农民所获土地增值收益的份额发生变化，进一步阻碍主动城镇化和被动城镇化水平的提高。土地增值收益规模的大小取决于国有土地出让面积（T）和土地出让价格（P）乘积。土地作为一种特殊的生产要素，这就决定了土地面积是固定的。这也必然会导致国有土地出让数量的下降，进而土地增值收益规模会呈现出"低（T低、P低）—高（T高、P高）—低（T低，P高）"的变化趋势。当前正处于较高土地增值收益规模的阶段，这种较高的土地增值收益规模是由于较大的土地出让面积与较高的土地出让价格实现的，但是随着T变小，虽然P较高，但是土地增值收益规模也会呈现出下降趋势（张广辉，2013）。如果在土地增值收益规模的较高阶段，农民主动城镇化和被动城镇化进程受阻。那么，当进入土地增值收益规模的较低阶段，农民主动城镇化和被动城镇化会更加艰难。此外，土地增值收益规模的变化还会进一步产生两方面的影响：一是地方政府和用地企业所获土地增值收益总量也相对降低，通过土地增值收益促进工业发展的途径并不能长期维持下去，可能会进一步减少工作岗位的提供，吸收农民就业的能力降低。二是农民所获土地增值收益份额更低，他们进入城市体系的"货币资本"更少。因此，整体而言，当前的土地增值收益分配格局并不能有效促进城镇化的顺利进行，土地增值收益分配格局有待进一步改变。

三、土地增值收益分配的"弱乡村发展"特征

"弱乡村发展"特征表现为村委会和农民在土地增值收益分配格局中所占份额较低，未能有力带动乡村振兴发展。如前所述，当前的土

增值收益分配格局分为两个层次，农民所获土地增值收益的绝对份额取决于村委会（村干部）在第一层次分配中与地方政府和用地企业的博弈，而农民所获土地增值收益的相对份额则要取决于村委会或者村干部采取何种标准以及何种分配形式。那么在当前的土地增值收益分配过程中，村委会到底扮演了什么样的角色呢？

首先，从理论上而言，村委会属于村民自治组织，与上级政府特别是乡镇政府之间并不是行政隶属关系。但现实中，村委会往往成为上级政府下达任务的执行者，成为上级政府的附属（李桂萍，2006）。村委会在土地增值收益分配充当上级执行者和农民权益代表的双重角色，可以通过共同代理模型来解释，其中上级政府和农民都是委托人，村委会是代理人，由于上级政府和农民两个委托人权力地位的不对等，在农村土地征收以及土地增值收益分配过程中两个委托人目标不一致的前提下，代理人村委会会倾向于完成强势委托人的任务，进而降低共同代理的效率。换句话说，地方政府在两个委托人中处于强势地位，可能会侵害另一方处于劣势地位委托人农民的利益（彭涛、魏建，2010）。

其次，村委会干部特别是村支书的选举在一定程度上受到上级政府乡镇的影响，由于村支书的任期问题在一定程度上导致了村支书要和乡镇政府的目标一致。在大多数农村地区，村支书往往能够控制整个村委会的话语权，这使他们倾向于上级政府的任务而忽略农民自身的利益。

最后，村委会干部为了自身小团体的利益以及由于村民自治资源匮乏导致负债进而可能会产生侵权行为。

第三节　城镇化与乡村振兴融合发展困境：土地增值收益第二层次分配中成员权与收益权的冲突

地方政府、用地企业和村委会在土地增值收益第一层次分配中决定了几个利益主体份额的大小。三个土地增值收益分配主体在博弈过程中最大化自身的土地增值收益份额。地方政府获得了大量土地增值收益并进一步对经济发展产生了重要影响。用地企业所获土地增值收益份额为其自身发展提供了资本。农村土地的集体所有特征使得村委会或者农民所获土地增值收益份额较为复杂,集体拥有土地的所有权,农民拥有土地的实际使用权,这进一步要求土地增值收益的第二层次的分配,即村集体内部的分配。土地增值收益第二层次的分配主要针对的就是村集体这一主体,村集体内部的分配主要涉及的就是成员权和收益权之间的关系,二者之间的冲突构成了土地增值收益第二层次分配的核心内容。

村集体内部的分配主要依据于成员权(集体成员权)和收益权(土地承包收益权,即农民所承包的土地被征收后所获得的征地补偿权),土地集体所有制构成了成员权的制度基础,家庭联产承包制构成了收益权的基础,土地的征收是对所有权与承包权的双重征收,因此村集体内部的土地增值收益分配是在土地所有权主体与土地承包经营权主体之间展开的(李菁、颜丹丽,2011)。

一、农民集体成员权和土地承包收益权

目前关于农民集体成员权的概念并不十分明确,不同文献的表述也不尽相同,诸如农村集体经济组织的成员权、农村集体成员权、农业集体经济组织成员权、农村集体成员权和农民集体成员权利等(管洪彦,2012;郭继,2012;杨一介,2008;余梦秋、陈家泽,2011;潘丽,2010;李宴,2009)。但是管洪彦(2012)在通过对不同称谓的对比以及《中华人民共和国物权法》(2007)、《中华人民共和国农村土地承包法》(2009)等的规定后,他认为"农民集体成员权乃属自然之理",并一步指出农民集体成员权的权利主体是农民集体成员。这些所谓称谓并不是十分重要,关键在于成员权的界定问题。土地增值收益在村集体内部第二层次分配的关键在于成员权的界定和收益权的获得,成员权资格的准确确定是获得收益权的前提条件。但是在农村土地征收的实践中,由于经济发展水平、风俗习惯(一些约定俗成的非正式制度的影

响）以及一些其他因素的影响，成员权和收益权之间不断产生冲突，阻碍了土地增值收益第二层次分配的顺利进行。

（一）土地增值收益分配中的成员权——基于农村集体经济组织还是农村社区组织

事实上，农民集体经济组织的成员权和农村社区组织的成员权是不同的。其中农村社区组织成员权是一种非财产性权利，而农村集体经济组织成员权是一种财产性权利，这种财产性权利是建立在土地入社基础上而获得的（张志强、高丹桂，2008a）。可以进一步理解为，农村集体经济组织属于经济组织，而农村社区组织（理解为村委会）是属于政治组织，但是在《中华人民共和国村民委员会组织法》（2018）中的规定中不难发现，二者之间的职能范畴存在交叉，因为村委会具有管理集体所有土地的权利，而集体所有土地是构成集体经济组织的重要内容（李爱荣，2012）。《中华人民共和国土地管理法》（2020）第十一条也规定："农民集体所有的土地依法属于农民集体所有的，由村集体经济组织或者村民委员会经营、管理。"

二者在法律上以及理论上都存在混同（张志强、高丹桂，2008b），这进一步导致了实践中成员权界定上的混乱。在很多现实的土地增值收益分配案件中，很多情况下都是通用的，但是也存在一些差别。进一步地，为了表述上的方便，本书后面章节主要使用农村集体经济组织成员权这一术语。此外，在接下来的一章将通过案例进行分析。

（二）土地承包收益权——基于家庭联产承包责任制

土地承包收益权是建立在家庭联产承包责任制基础之上的，家庭联产承包责任制在1978年取代人民公社制度，使农民拥有了15年的土地使用权。1993年第一轮土地承包期结束，国家提出将土地承包期延长至30年。2003年1月实施的《中华人民共和国土地承包法》（2002）第二十条中明确规定了，耕地的承包期为30年。2017年10月，习近平总书记在党的十九大报告中指出，保持土地承包关系稳定并长久不变，第二轮土地承包到期后再延长30年。① 2019年1月1日，全国人大会议讨论通过修改的《中华人民共和国农村土地承包法》中进一步明确在二轮承包期于2027年结束后，土地承包再延长30年不变。这也意味着土地承包收益权的稳定性。土地增值收益分配中所提到的土地承包收益权主要是指土地被征收后农民所具有的征地补偿权（李菁、颜丹丽，2011）。

土地增值收益分配中土地承包收益权的实现要基于成员权的界定范围而定，但是在现实中成员权的界定则存在诸多障碍，进而造成农村集体经济组织成员权和收益权之间的冲突的发生。

二、成员权的界定：理论视角

关于农村集体经济组织成员资格的界定还存在着诸多争议（任丹丽，2008），目前学界有登记主义、事实主义和折中主义三种确定农民集体成员的方式，其中以户籍来确定农民集体成员资格的称为登记主义；以是否在本村长期生活作为标准的称为事实主义；而以户籍登记为原则，以长期居住事实来判定的称为折中主义（吴兴国，2008；程曙明、沈旸，2008）。

农民集体成员权是基于农民集体经济组织的一种财产性权利，理论界和司法实践中的界定标准因时因地而产生不同的影响。当出现诸如外嫁女、大学生外出上学、入赘女婿等人口流动时，成员权到底该如何进行界定？接下来的部分从三种成员权资格界定方式角度入手展开分析。

首先，以户籍制度作为成员权界定标准在很多地区得到了实践应用。但正如前面提到的，土地增值收益分配中的成员权是一种财产性权利，是农村集体经济组织的成员权。以户籍界定的成员权属于非财产权

---

① 习近平：《决胜全面建成小康社会 夺取新时代中国特色社会主义伟大胜利——在中国共产党第十九次全国代表大会上的报告》，http://www.xinhuanet.com//politics/19cpcnc/2017-10/27/c_1121867529.htm。

权利，更多地强调政治上的权利，是村委会行使自治权的管辖界定标准。农村集体经济组织的成员权和社区组织成员权（以户籍为标准）可能是重合的，但是也存在不一致的可能性。当二者之间不一致时，以户籍作为判定标准可能就会产生冲突。为了避免冲突的发生，一些省份专门规定了集体经济组织成员权的界定标准。诸如安徽省在《中华人民共和国农村土地承包法》（2003）颁布后的实施办法中专门对集体经济组织成员的界定标准进行了说明，包括结婚后户口迁入、子女收养、刑满释放等几个方面（张钦、汪振江，2008）。2018年12月29日，第十三届全国人民代表大会常务委员会第七次会议审议通过的《全国人民代表大会常务委员会关于修改〈中华人民共和国农村土地承包法〉的决定》第二次修订中的第六十九条规定"确认农村集体经济组织成员身份的原则、程序等，由法律、法规规定"，这也意味着农村集体组织成员身份的界定问题十分复杂。

其次，在土地增值收益第二层次分配实践中，以长期在本村生活或者以集体经济组织的土地作为生活来源界定成员权也存在一定的问题。在人口流动规模不断变大的趋势下，农民工是人口流动的重要组成部分。2020年4月30日，国家统计局发布的《2019年农民工监测调查报告》数据显示，2019年我国农民工总量已达到29077万人，其中外出农民工为17425万人，占到农民工总量的近60%[①]。这些外出的农民工中有很大一部分长期不在村内生活，特别是西部地区的一些外出务工的农民，他们甚至几年都不回家，而且由于地少也不以土地作为其生活来源，这些现实的问题可能就不适合这种成员权的界定方式。

最后，以户籍登记为主，以长期居住为事实的折中主义界定方式可能避免了前面提到的一些问题，但实践中的折中主义方式的应用同样面临着上述困境。

综上所述，登记主义、事实主义和折中主义三种确定农民集体成员

---

① 国家统计局：《2019年农民工监测调查报告》，2020年4月30日，http：//www.stats.gov.cn/tjsj/zxfb./202004/t20200430_1742724.html。

的方式在实践中都面临诸多困境,农民集体成员资格的确定应综合考虑不同地区的风俗习惯、经济发展水平等。在第四章中将根据现实案例来讨论农民集体成员资格的确定问题。

第四节 小 结

通过本章前三节的内容分析不难总结出农村土地征收视角下城镇化与乡村振兴融合发展的三大困境。

首先,土地增值收益是城镇化与乡村振兴融合发展的关键,因此,农村土地增值收益的可持续性问题至关重要。在城镇化与工业化背景下,土地增值收益是土地供给与需求之间矛盾的产物,并会经历"低—高—低"三个阶段的变化,土地增值收益必将走向"低"水平阶段,这也意味着农村土地增值收益具有不可持续性。这是农村土地征收视角下城镇化与乡村振兴融合发展的第一个困境。

其次,不同的土地增值收益分配格局对城镇化与乡村振兴的融合发展会产生不同的影响。在当前的农村土地增值收益分配格局下,地方政府和用地企业所获土地增值收益份额较高,而村委会和农民所获得土地增值收益份额则相对较低,这种分配格局呈现出"重工业化、轻城镇化、弱乡村发展"特征,并不利于城镇化与乡村振兴的融合发展。这是农村土地征收视角下城镇化与乡村振兴融合发展的第二个困境。

最后,在土地增值收益的第二层次分配过程中,农村集体经济组织成员资格是他们获得土地增值收益的基本前提。从理论角度来看,登记主义、事实主义和折中主义是农村集体经济组织成员资格的三种界定方式。但实践中农村集体经济组织成员资格的界定存在诸多难题。这是农村土地征收视角下城镇化与乡村振兴融合发展的第三个困境。

因此,针对上述农村土地征收视角下城镇化与乡村振兴融合发展的三个困境,提出针对性的政策建议,将有力推动城镇化与乡村振兴的融合发展,这些将在第四章中详尽介绍。

第四章

农村土地征收视角下城镇化与乡村振兴融合发展的实现路径

土地增值收益的不可持续性，"重工业化、轻城镇化、弱乡村发展"的土地增值收益分配格局以及土地增值收益第二层次分配中成员权与收益权的冲突是城镇化与乡村振兴融合发展所面临的主要困境。如前面所述，土地增值收益规模呈现出"低—高—低"趋势，目前正处于"高"土地增值收益规模阶段，在这样的背景下如何改变土地增值收益分配格局，以及在新的土地增值收益分配格局下处理好土地增值收益中第二层次分配中成员权与收益权的冲突对城镇化与乡村振兴的融合发展至关重要。本章主要分为三节，其中第一节主要讨论农村土地增值收益分配格局如何转变。第二节主要讨论土地增值收益第二层次分配中成员权与收益权的协调问题。第三节为小结，主要总结本章的主要内容。

第一节 农村土地增值收益分配格局的转变

当前我国正处于土地增值收益"低—高—低"三个阶段的"高"增值收益阶段，这种较高的土地增值收益规模取决于农民集体所有土地转变为城市国有土地的数量（T）以及地方政府出让国有土地使用权的价格（P）。因此，较高土地增值收益规模的实现可能是通过两个途径：一是 T 高，P 低（类型Ⅰ）；二是 T 低，P 高（类型Ⅱ）。假设类型Ⅰ和类型Ⅱ中的农民集体所有土地转变为城市国有土地的数量分别为 T_1 和 T_2，类型Ⅰ和类型Ⅱ中地方政府出让国有土地使用权的价格分别为 P_1 和 P_2。那么，$T_1 \to T_2$ 是农民集体所有土地转变为城市国有土地数量不断减少的趋势，原因主要在于土地数量本身的有限性以及农民集体所有土地转变为城市国有土地规模的限制等诸多因素。土地供给数量的减少必然就导致了 $P_1 \to P_2$ 价格的一个上升。那么，从类型Ⅰ到类型Ⅱ是一个必然的趋势。

在当前的土地增值收益分配格局下，类型Ⅰ阶段中地方政府和用地企业获得了较高的土地增值收益份额，进而能够持续促进地方经济的发展。但这种分配格局中村委会和农民所获土地增值收益份额相对较低，在一定程度上损害了他们的利益，也不利于主动城镇化和被动城镇化水平的提高以及乡村的振兴发展。进一步地，对于城市郊区农村土地被完全征收的农民而言，大量的失地农民"被动"进入城市体系之中，政治权利、经济权利和社会权利的实现都面临着诸多的难题（魏建，2010）。

在类型Ⅱ阶段，虽然农村土地增值收益规模较高，但这是因为土地供给有限和土地出让价格较高条件下产生的。在该阶段可能会产生以下结论：首先，较高的土地出让价格可能会进一步抑制用地企业的投资需求，进而对地方经济增长产生负面影响。其次，如果给予村委会和农民较高的土地增值收益份额，这会在很大程度上提高农民进入城市的意愿和能力，进而带动主动城镇化和被动城镇化水平的提高。但类型Ⅱ阶段是由于 T 低和 P 高而产生了高水平的土地增值收益，在这样的背景下因土地征收影响而进入城市的农民数量呈现出下降趋势。此外，由于产业结构升级等原因会造成对这部分农民吸纳的能力的下降。最后，类型Ⅰ阶段进入城市的农民面临着政治权利、经济权利以及社会权利的实现困境。在类型Ⅱ阶段可能会进一步导致更多的衍生问题，地方政府也必须从土地增值收益份额中拿出一部分解决农民市民化中的遗留问题，这也就对地方政府的投资产生一定的挤出效应。土地增值收益规模增加的不可持续性也进一步加剧了这种问题的严重性。因此,"重工业化、轻城镇化、弱乡村发展"的农村土地增值收益分配格局亟待改变。

一、土地增值收益分配格局:"重工业化、轻城镇化、弱乡村发展"向"工业化、城镇化、乡村发展并重"的转变

在新的土地增值收益分配格局中,应明确以下几点:首先,地方政府和用地企业所获土地增值收益份额有所下降,但是短时间内仍然是带动地方经济发展的重要推动力。其次,村委会和农民所获土地增值收益份额有所提升,这也会进一步产生两方面的影响。一方面,村委会所获土地增值收益份额的提高有利于发展乡村集体经济,实现乡村的产业兴旺;另一方面,农民获得更高的土地增值收益份额有利于提高他们进入城市的意愿和能力,进而带动主动城镇化和被动城镇化水平的提高。综上所述,农村土地增值收益分配格局应从"重工业化、轻城镇化、弱乡村发展"向"工业化、城镇化、乡村发展并重"转变。

为了进一步对比分析不同的农村土地增值收益分配格局,本节做如下假设。假设当前的"重工业化、轻城镇化、弱乡村发展"土地增值收益分配格局为:

地方政府,用地企业,村委会(农民) = α_1,β_1,γ_1

"工业化、城镇化、乡村发展并重"土地增值收益分配格局为:

地方政府,用地企业,村委会(农民) = α_2,β_2,γ_2

假设 $\alpha_1 + \beta_1 + \gamma_1 = \alpha_2 + \beta_2 + \gamma_2 = 1$,其中 $\alpha_1 \geq \alpha_2$,$\beta_1 \geq \beta_2$,$\gamma_1 \leq \gamma_2$。

$\alpha_1 \geq \alpha_2$ 和 $\beta_1 \geq \beta_2$ 分别表示在新的土地增值收益分配格局中地方政府和用地企业所获土地增值收益份额有所下降,而 $\gamma_1 \leq \gamma_2$ 则表示村委会和农民所获土地增值收益份额的上升。地方政府和用地企业所获土地增值收益份额的下降并不意味着其对经济增长作用的降低,村委会和农民所获土地增值收益的提高则在很大程度上提高了农民进入城市的意愿和能力,以及为发展乡村经济提供资本支持。《中华人民共和国土地管

理法》（2020）第四十八条强调了农村土地征收补偿的公平性与合理性，并要求保障被征地农民原有生活水平不降低以及长远生计有保障。对于土地补偿费应综合考虑土地原有用途、土地资源条件、土地产值、土地区位等诸多因素，这都在很大程度上提高了村委会和农民所获得的土地增值收益份额。

二、土地增值收益分配新格局中农民的土地增值收益份额分享

土地增值收益分配格局从"重工业化、轻城镇化、弱乡村发展"向"工业化、城镇化、乡村发展并重"的转变对村委会和农民具有重要意义，有利于提高主动城镇化和被动城镇化水平，以及推动乡村产业发展。

当前土地增值收益分配格局和新土地增值收益分配格局中村委会和农民所获的土地增值收份额分别为 γ_1 和 γ_2，《中华人民共和国土地管理法》（2020）的实施为提高村委会和农民所获土地增值收益份额提供了法律保障，这也就意味着：

$$\gamma_2 \geqslant \gamma_1$$

假设农民的收入由三部分构成①：

$$Y = \gamma + R + \lambda$$

其中，R 表示农民除土地增值收益收入外，来自城镇化和工业化带动所产生的其他收入；λ 表示农民从其他途径获得收入。假设当前土地增值收益分配格局中农民的收入为：$Y_1 = \gamma_1 + R_1 + \lambda$。在这种情形下，$\gamma_1$ 和 R_1 都处于较低的水平；在新的土地增值收益分配格局中，$Y_2 = \gamma_2 + R_2 + \lambda$。对比两种不同分配格局中农民的收入水平，$Y_2$ 显然要大于 Y_1。在新的土地增值收益格局下可能存在 γ_2 高、R_2 低和 γ_2 低、R_2 高两种情况。也就是说，在新的土地增值收益分配格局中，γ_2 高、

---

① 为了分析问题的方便，假设 γ 就是农民所获土地增值收益份额。

R_2 低意味在短期内一次性给予农民较高的土地增值收益份额,而 γ_2 低、R_2 高更强调长期内通过工业化发展带动农民收入水平的提升。

(一) γ_2 高、R_2 低的情形

γ_2 高和 R_2 低意味着给予农民一次性的土地增值收益份额较高,而从工业化和城镇化中所获得的长期收入就较低。较高的 γ_2,是现实征地实践中农民的普遍想法,都希望在短时间内获得较高的土地增值收益份额。张清勇、杜辉、刘青、仲济香(2020)基于 2018 年全国 31 个省(自治区、直辖市)295 个村 9596 户问卷调查数据发现,农民希望直接获得补偿款的比例高达 43.1%。这与他们自身非农技能的缺乏具有很大的关系,在北京郊区某地的实地调研中发现,该地区无专业技能的比例高达 80%。除去安置以及继续从事农业的人口外,找不到工作的比例仍然高达 28.65%(江静等,2011)。张清勇、杜辉、刘青、仲济香(2020)的研究还发现,被征收土地的农民有 10.6% 的比例希望通过被安排工作的方式来获得补偿,这也与被征收土地农民的技能缺乏密切相关。进一步地,较高 γ_2 的获得也要受到多方面因素的影响,当前地方政府获得更高土地增值收益份额的激励和村委会在土地增值收益分配中的角色倾向会负向影响农民所获土地增值收益的份额。

γ_2 所指的一次性补偿不一定是货币补偿,可以是实物补偿。林乐芬、赵辉、安然、李佳、沈颖妮(2009)在对南京、昆山和无锡三市的调查中发现,三个城市对失地农民的房屋采取了"拆一补一"、货币补偿(分期货币补偿)或者按年满 18 周岁劳动人口给予 30 平方米住房等方式进行补偿。这种房屋的补偿方式再加上土地的补偿费用构成了农民的土地增值收益份额,此时的土地增值收益份额并不低,但是三地农民对补偿的满意度却不同。南京的不满意度(86.7%)要远远高于满意程度(6%),而无锡和昆山的满意度则要高于不满意程度,而主要的原因在于三个城市之间被征收土地农民非农收入占总收入比重的不同。在征收土地之前,南京、昆山和无锡的非农收入比例分别为 59.04%、80.43% 和 90.91%。非农收入在一定程度上可以理解为 R_2,

非农收入高意味着非农技能高,也进一步意味着能够更好地融入城市生活中,被征收土地农民的主动城镇化和被动城镇化过程越为顺利。这在一定程度上也说明了农民更为注重长期的收入,这在张清勇等(2020)的研究中也得到了验证。

(二)γ_2 低、R_2 高的情形

当 γ_2 低、R_2 高时,意味着给予农民的一次性土地增值收益份额较低,而从工业化和城镇化发展中所带来的长期收入较高。R_2 是一种非农收入,通过农村土地征收与出让推动工业化的发展进而吸收被征收土地农民实现非农就业而获得的收入。事实上,农民市民化之前的非农收入的比重对农民市民化有重要的影响,南京、无锡和昆山的调研中已经得到了证实(林乐芬、赵辉、安然、李佳、沈颖妮,2009)。但是这种影响还要取决于农民的非农收入是来自土地股份合作社等村集体内部还是来自在城市就业的非农收入。如果来自村集体内部的非农收入,对被征收土地农民的主动城镇化和被动城镇化可能会产生先促进后阻碍的影响。以浙江省杭州市 Y 村为例,村集体利用分批征收土地所获得土地增值收益发展集体经济,农民的生活水平大大提高,有利于农民的主动城镇化和被动城镇化进程。但是由于缺少专业的非农技能很难融入城市生活中,而且村集体内部稳定的生活保障也进一步阻碍了失地农民主动城镇化和被动城镇化的进程(操世元,2008)。

(三)农民土地增值收益份额分配形式的选择:进一步的分析

在类型 I 阶段,T 较高在一定程度上意味着"主动"或者"被动"进入城市的农民数量较多。经济发展水平的提高有利于吸收这部分农民,进而提高主动城镇化和被动城镇化水平,英国和美国的城镇化发展过程验证了这一点。主动城镇化和被动城镇化进程中农民的就业取决于多方面因素。从供给角度来讲,农民自身技能水平高低是其能否就业的决定性因素,但他们自身的职业技能水平相对较低。李诗和(2019)

通过对甘肃省兰州市失地农民调查数据的分析发现，掌握就业技能和未掌握就业技能的比例分别为 67.9% 和 32.1%，职业技能掌握很熟练、熟练、一般、不熟练、很不熟练的比例分别为 21.4%、17%、13.4%、21.4% 和 26.8%。此外，经济发展所带动的劳动力需求也是被征收土地农民就业的重要影响因素。在一些农村土地刚被地方政府征收的地区进行开发建设时，对劳动技能水平的要求相对较低。比如建筑工地的工人，但一旦工程建设完成，这部分劳动需求就消失了。在一些农民所获的土地增值收益份额较高地区，那么这部分人可能就不会去寻找工作。

当进入类型 II 阶段，因农村土地征收而"主动"或者"被动"进入城市的农民数量将会有所减少。如果在类型 I 阶段经济发展能够较好吸收该阶段的失地农民就业，这将会导致较高质量的主动城镇化和被动城镇化。但如果类型 I 阶段因土地而"主动"或者"被动"进入城市的农民面临诸多困境，那么，在类型 II 阶段可能会阻碍主动城镇化和被动城镇化水平的提高。

三、土地增值收益分配新格局中村委会职能定位

假定在当前的土地增值收益分配格局中，农民和村委会所获的土地增值收益为：

$$\gamma_1 = \gamma_{1f} + \gamma_{1v}$$

其中，γ_{1f} 和 γ_{1v} 分别表示当前土地增值收益分配格局中农民所获土地增值收益份额和村委会所获增值收益份额。相应地，在新的土地增值收益分配格局中，农民和村委会所获增值收益为：

$$\gamma_2 = \gamma_{2f} + \gamma_{2v}$$

在当前的土地增值收益分配格局中村委会所占份额 γ_{1v} 份额不低，但可能存在村干部贪污土地增值收益或者挪作他用的行为。诸多学者从村干部薪酬制度、村级土地财政制度、改革土地管理中村委会职能等角度展开了研究（李钰、唐云松，2009）。

村委会在土地增值收益分配过程的重要性体现在两个方面：其一，

在第一层次土地增值收益分配中,村委会作为失地农民的代表,与地方政府、用地企业就土地增值收益分配的份额进行谈判,进而决定村委会能够获得多大的土地增值收益绝对份额。这体现了村委会的第一个职能,即失地农民的谈判代表。其二,在第二层次土地增值收益分配中,即在村集体内部的分配,村委会需要扮演两种角色:①《中华人民共和国土地管理法》(2020)第四十八条规定"征收土地应当依法及时足额支付土地补偿费、安置补助费以及农村村民住宅、其他地上附着物和青苗等的补偿费用,并安排被征地农民的社会保障费用",第四十九条规定"被征地的农村集体经济组织应当将征收土地的补偿费用的收支情况向本集体经济组织的成员公布,接受监督"。在实践中,土地补偿费和安置补助费一般给予村委会。村委会决定采取何种方式在村集体内部分配补偿费,这就决定了村委会的第二个职能,即土地增值收益分配方式的决定主体。②当村委会决定使用土地补偿费建立土地股份公司时,村委会还将扮演公司的实际管理者的角色。这就决定了村委会的第三个职能,即土地股份公司的实际管理者。

(一)村委会的职能之一:被征收土地农民的谈判代表

农村土地从农民手中最终转移到用地企业至少需要经过土地征收和出让两个阶段。土地征收阶段,即集体所有土地转变为城市国有土地,并涉及村委会和地方政府就土地征收的土地补偿费、安置补助费以及农村村民住宅、其他地上附着物和青苗等的补偿费用的博弈。由于农村土地的细碎化特征,被征收的农村土地属于多个农民,在这种情况下一般是村委会代表农民与地方政府进行土地增值收益分配份额的谈判。党的十八届三中全会审议通过的《中共中央关于全面深化改革若干重大问题的决定》中指出"建立兼顾国家、集体、个人的土地增值收益分配机制,合理提高个人收益","保障农民公平分享土地增值收益"。与《中华人民共和国土地管理法》(2004)按照土地原有用途进行土地补偿有所不同,《中华人民共和国土地管理法》(2020)第四十八条规定了征收农用地的土地补偿费、安置补助费应考虑土地原用途、土地资源条件、土地产值、土地区位、土地供求关系等诸多因素，这意味着农民所能获得的土地增值收益份额大幅提高，也就进一步需要村委会代表农民与地方政府、用地企业来展开谈判。

事实上，村委会早在土地流转中就扮演着类似的角色。孔祥智、刘同山、郑力文（2013）在对山东寿光、河北正定、栾城以及安徽望江、宿松等地调研的基础上认为，村委会在土地流入方和流出方之间充当中间人的角色，并对土地流转起到了积极的促进作用。但如果村委会过度介入土地流转中也会导致农民利益受到侵害。进一步地，随着村委会在土地流转中作用的增强也意味着寻租空间的变大。

（二）村委会的职能之二：土地增值收益分配方式的决定主体

对于农村土地而言，土地补偿费和安置补助费一般是给予农村集体经济组织。但集体经济组织对土地补偿费和安置补助费的分配职能通常都是由村委会来完成的。村委会在对土地补偿款以及安置补助费进行分配时主要采取两种模式：第一种是按照少数服从多数原则的民主方式来决定分配方案。第二种是村委会直接决定何种分配方案。但是第一种方式可能面临着"多数人暴政"以及潜在决策不公平等问题，当然后者也可能会使村委会滥用权力并产生贪污腐败等问题（刘婧娟，2014）。但在实践中村委会在村集体内部的土地增值收益分配形式呈现出多样化，闫文、许月明（2010）在对河北省的调研中发现村集体内部的补偿方式主要有一次性货币补偿方式、分期实物或者货币补偿、一次性补偿与分期补偿相结合的方式、养老保障安置以及集中开发安置等。

一次性货币补偿方式较为简单，直接将土地补偿款按照一定的标准发放给失地农民，但不同的补偿金额（失地农民所获土地增值收益份额）会产生不同影响。根据《中华人民共和国土地管理法》（2020）第四十八条的规定，失地农民所获土地增值收益份额主要取决于土地原用途、土地资源条件、土地产值、土地区位、土地供求关系、人口以及经济社会发展水平等几个方面。其中土地的区位以及经济社会发展水平对农民所获土地增值收益份额的影响较大。距离城市越近、经济越发达的地区，农民所获土地增值收益份额越高，特别是在北京、上海、广州、深圳等经济发达地区。一次性较高的货币补偿可能会造成部分被征收土地的农民不愿意寻找新的工作，被征收土地的农民并不愿意通过自我就业的方式来实现经济权利。此外，一次性较高的货币补偿方式可能还存在其他诸多问题，诸如过高的货币补偿可能会影响被征收土地农民的不理性消费而出现返贫等问题。对于未成年人来说，可能还会导致攀比、厌学等问题。因此，这种较高的完全货币化的补偿方式可能并不能保证主动城镇化和被动城镇化进程中农民进入城市后经济权利的顺利实现。一旦被征收土地的农民返贫之后，又很难找到合适的工作，可能就会导致一系列社会问题。

分期补偿能够解决一次性给予较高补偿带来的弊端，但是较长时间的支付期限面临着诸多不确定性。一次性补偿与分期补偿相结合的方式既解决了一次性补偿带来的负面影响，又让主动城镇化和被动城镇化过程被征收土地农民有了稳定的长期收入来源。而且这种分期很多情况下是以实物折价的形式，例如衡水在土地补偿方面采取在夏收季节领取一定产量小麦、秋收季节领取一定产量玉米的方式，或者是按照当年的价格进行折算。养老保障安置是给予被征收土地的农民养老保险，个人（来源安置补助费）、集体（来源土地补偿费）和政府（来源土地出让纯收益）按照一定比例共同缴纳。集中开发安置主要通过创办土地股份制企业和开发房地产等为被征收土地的农民提供就业机会和长期收入来源。

村委会在村集体内部的土地增值收益分配涉及成员权与收益权的冲突，即到底以什么标准来判定是否具有分配土地增值收益的资格，比如说外嫁女、外出大学生、入赘女婿等，这些都使村委会在执行这个职能时和被征收土地的农民发生诸多冲突，进一步的案例分析可以参见下一节的内容。

(三) 村委会的职能之三：土地股份公司的实际管理者

《中共中央关于全面深化改革若干重大问题的决定》中提出"合理提高个人收益"。《中华人民共和国土地管理法》(2020)中诸多条款也都旨在提高被征收土地农民的土地增值收益份额。但是正如前面指出的，当一次性给予被征收土地农民较高的土地增值收益可能存在诸多弊端，特别是在被动城镇化过程中要注重被征收土地农民长期稳定的收入，长期内通过就业提高农民的收入要比给予被征收土地农民一次性较高的土地补偿更好，这有利于被征收土地农民顺利地进入城市体系，提高被动城镇化水平和质量。但大部分被征收土地农民缺乏专业的技能，很难在城市找到合适的工作，进而在很多地区都成立土地股份公司。因为很多城市郊区的土地不是一次性完全被征收，而是逐步完成土地的征收进而被征收土地农民变成城市居民也是逐步完成的。当土地没有被完全征收时，那么村委会就可以建立土地股份公司，为被征收土地农民提供稳定的工作，保证他们有稳定的收入来源，为他们进入城市体系打下基础。这类土地股份公司有以下特点：①土地股份公司成立的资金主要来自土地补偿和安置补助费等。②大多数土地股份公司和村委会呈现出"两块牌子、一套班子"特征，即村主任通常是土地股份公司的董事长，即"政企不分开"。③被征收土地农民不仅可以在土地股份公司工作获得工资收入，还能获得土地分红收入，这就保证和增加了他们的长期收入水平。

关于土地股份制实施的条件、主要形式、基本模式以及取得的成效等问题引起了诸多学者的关注（姜爱林、陈海秋，2007；陈品艳，2019；崔大君，2019），但不可否认的是，村委会在土地股份公司中扮演着重要的角色。还需要注意的是，土地股份公司是被征收土地农民市民化的过渡机构，当土地逐步被征收时，有了土地股份公司的过渡，一方面可以为失地农民积累足够的资本进入城市，另一方面也能够通过工作培养被征收土地农民的非农技能。当然，土地股份制企业所表现出来的"政企不分开"也可能会带来侵害农民权益事件的发生。

（四）土地增值收益分配格局的转变与村委会行为约束

当前的土地增值收益分配格局呈现出"重工业化、轻城镇化、弱乡村发展"特征，可能会在一定程度上阻碍主动城镇化和被动城镇化水平的提高。但随着土地增值收益分配格局向"工业化、城镇化、乡村发展并重"的转变，村委会应积极发挥其被征收土地农民的谈判代表、土地增值收益分配方式的决定主体以及土地股份公司的实际管理者三个职能。但村委会受到各种因素的影响可能会侵害被征收土地农民的权益，那么该如何约束村委会的行为呢？

村委会侵害被征收土地农民权益的约束可以从几个方面来考虑：首先，村委会中的村干部本身也是属于失地农民的一部分，他们在充当失地农民代表角色时，肯定会尽最大努力与地方政府、用地企业来谈判，进而获得最大的土地增值收益份额。其次，当村委会执行土地增值收益分配决定主体以及土地股份公司实际管理者角色时，会面临着村干部侵害被征收土地农民权益事件的发生。随着相关法律法规的逐步完善，当村干部侵害被征收土地农民权益时，可通过法律手段来维护自身的权益。当村干部充当土地股份公司实际管理者时，政企不分开导致的一些负面影响，可以通过建立监督机制以及招聘职业经理人的方式来解决。

第二节　土地增值收益第二层次分配中成员权与收益权的协调

根据《中华人民共和国土地管理法》（2020）第四十八条规定："征收土地应当依法及时足额支付土地补偿费、安置补助费以及农村村民住宅、其他地上附着物和青苗等的补偿费用，并安排被征地农民的社会保障费用"。对于农村土地而言，主要包括土地补偿费、安置补助费、其他地上附着物和青苗等的补偿费用、被征地农民的社会保障费用等四个部分。《中华人民共和国土地管理法实施条例（修订草案）》（2020）

第三十五条规定:"……地上附着物和青苗等补偿费用,归其所有权人所有。社会保障费用主要用于符合条件的被征地农民的养老保险等社会保险缴费补贴"。一般而言,土地补偿费归农村集体经济组织所有。而安置补偿费则考虑三种情况:第一种情况是需要集体经济组织安置的人员,将安置补偿费给予农村集体经济组织;第二种情况是由其他单位安置,安置补偿费需要支付给安置单位;第三种情况是不需要统一安置的,安置补偿费直接发放给被安置人员或者经其同意用于支付他们的保险费用。

其中土地征收补偿费通常较高,这部分补偿是给予集体经济组织的。此外,集体经济组织需要被征收土地的安置人员时,这部分补偿费也是给予集体经济组织。因此,在土地增值收益的第二层次分配中,村集体内部的土地增值收益面临着成员权与收益权的冲突,而探究二者之间协调发展的关键就在于成员权的界定。土地征收补偿费用的不同组成部分的分配形式是不同的进而导致成员权界定也存在差异。

一、青苗补偿费和安置补偿费的分配

地上附着物和青苗等补偿费用归其所有权人所有。如果农民自行耕种农作物等,当农村土地被征收时,地上附着物和青苗等补偿费用自然归农户所有。早在《中华人民共和国农村土地承包法》(2002)中允许农民对土地进行转让,包括转包、出租、互换等形式(许庆,2008)。农村土地流转后被征收而产生的青苗补偿费分配问题会导致冲突。进一步的案例可以参考曹三明(2009)中"张海蓉诉迟卫莉等支付青苗补偿款案"和"陈云钦诉陈坤枞返还赔青款案"。

此外,《中华人民共和国农村土地承包法》(2009)中第四十四条规定:"不宜采取家庭承包方式的荒山、荒沟、荒丘、荒滩等农村土地,通过招标、拍卖、公开协商等方式承包的",可以采用其他方式承包上述农村土地,并签订承包合同。因此,在实践中以其他方式承包农村土地的,地上附着物和青苗等补偿费用的归属问题较为复杂。此外,虽然农村土地征收补偿包括土地补偿费、安置补助费、其他地上附着物和青苗等补偿费用、被征地农民的社会保障费用四个部分，但实践中农村土地征收补偿经常采用"包干"方式，即将四个补偿部分不加区分统一给予农村集体经济组织，这使其他地上附着物和青苗等补偿费用的分配显得更为复杂。具体案例可参考国家法官学院案例开发研究中心（2019）"包干制下地上附着物及青苗补偿费之归属——陈某金诉厦门市同安区五显镇布塘村第一村民小组承包地征收补偿费用分配案"。

关于安置补助费方面的分配实践中，距离城市较远的农村土地被征收后，在这种情况下被征收土地的农民一般不需要统一安置，通常将安置补偿费和土地补偿费统一发放给被征收土地的农民，发放人口的确定一般与土地补偿费的确定标准一致。而距离城市较近郊区的农村土地被征收后，可能存在农村集体经济组织统一安置人员情况的存在，此时安置补助费发放给农村集体经济组织。

二、土地补偿费

土地补偿费是农村土地征收补偿中金额最高的，基于农村集体经济组织成员权的分配则显得尤为重要。成员权更多强调农村集体经济组织成员资格的认定。从理论角度来讲，登记主义、事实主义和折中主义是确定农民是否具有农村集体经济组织成员资格的三种不同方式。但从实践角度来看，这种农村集体组织成员资格的界定存在着诸多困境，与所处地区的风俗习惯、经济发展水平等诸多因素密切相关。在土地补偿费的分配实践中，登记主义中的户籍不是最为关键的判定因素，户籍只能作为判定成员权的一般标准，还应该结合是否依赖集体所有的土地为基本生活保障。①如果户籍在被征收农村土地所在的村组，但是不依赖土地为其生活提供保障，已经纳入其他社会保障体系内，不应该判定其具有农村集体经济组织成员权资格。②如果户籍没有在被征收农村土地的村组（诸如户籍迁出的求学学生），因其主要依靠农村土地作为生活的主要来源，所以此类情况的大学生等应具有农村集体经济组织成员权资格。③户籍原来在被征收农村土地所在的村组，但是后迁出转为非农业户口，但是并没有纳入城市社会保障体系之中，应该判定其具有农村集体经济组织成员权资格。因为他（她）主要还是依靠集体所有的农村土地为其生活提供保障。

上述讨论的农村土地征收中农村集体经济组织成员资格的界定情形更多发生在距离城市较远的农村地区，这种情况下对城镇化与乡村振兴融合发展的影响更多强调的是如何提高被征收土地农民所能获得的土地补偿费。他们所获较高的土地补偿费金额会产生两方面的影响：一方面，他们可以利用较高的土地补偿费发展非农产业进而带动乡村产业发展；另一方面，也能够提高有意愿进入城市农民在城市生活的能力，即带动主动城镇化水平的提高。除了距离城市较远地区的农村土地被征收外，发生在城市郊区的农村土地被征收更多影响的是被动城镇化水平的提高。这种农村土地征收与偏远农村地区土地征收的区别在于，被征收土地的农民可能会发生身份的转变，即无论是否有意愿进入城市生活都会被动进入城市体系。相比于城市居民而言，被征收土地农民可能具有双重身份：第一个身份是城市居民身份，从农民身份转变为城市居民。另外一个身份是原所在村集体成立土地股份有限公司的股东，每年能够获得固定的利益分红。例如，湖北襄阳经济开发区深圳工业园建设过程中征收了魏庄社区1万余亩的土地，开发区和街道办事处把青苗费和安置费发放给村民后，预留一部分补偿金于2008年成立了魏庄众鑫实业公司，通过承接土方平整工程以及库房、商业门面的租金收入形成了稳定的收益来源。2011年10月进行了集体经济股权制度改革，将土地补偿费用采取"股权+养老"的形式确权给农民，今后每年都会根据经营状况进行分红（张广辉，2013）。这种做法解决了农村集体经济组织成员权和城市居民的对接问题，但在实践中也存在着缺乏专业的公司管理人才、面临着较大的经营风险等众多问题。

从湖北的例子中我们不难发现，距离城市较近被征收农村土地补偿费的分配形式与距离城市较远的农村土地征收有很大不同。其土地补偿费分配的形式更为多元化，在很多地区都采取这种入股的形式来保证被征收土地农民失去土地后进入城市后的长期收入来源的稳定。由于这些被征收土地农民转为城市居民的文化水平相对不高，没有专业技能，很难在城市找到长期稳定的职业，因此寻找让农民获得长期稳定收入来源形式的补偿分配方式显得尤为重要。例如，厦门市采取的"金包银"工程，通过利用村民的部分征地款建设商住两用建筑来保证农民获得长期的收入（黄爱东，2009）。

三、农村集体经济组织成员资格认定与土地补偿费分配案例

农村集体经济组织成员资格界定难点就在于农村人口的流动，在司法实践中，如果外嫁女的户口没有迁出，那么她是否具有农村集体经济组织成员权资格？如果大学生外出将户口迁出，那么他（她）是否具有农村集体经济组织成员权资格？如果是居住在村内的定销户是否应该给予土地征收补偿款？实践中的农村经济组织成员资格界定较为复杂。如前面多次强调的，与农村集体经济组织成员资格界定的理论分析类似，在司法实践中农村经济组织成员资格界定也有类似的三种标准：第一个是以户籍作为判断的标准；第二个以是否依赖本农村集体经济组织的土地为生活来源作为判断标准；第三个以是否享有本农村集体经济组织的土地承包经营权作为判断标准（任丹丽，2008）。

但是在现实的案例中并不是以单一条件作为判决的标准，不同时间、不同地区可能存在一定的差异性。为了更好梳理实践中农村集体经济组织成员资格的界定，本节列举了一些现实案例来讨论和分析，为确定农民是否具有农村集体经济组织成员资格提供经验借鉴。本节的研究案例主要来源于曹三明（2009）、国家法官学院案例开发研究中心（2019；2020）关于土地纠纷的研究。讨论不同情况下的农村集体经济组织成员资格的界定有利于保障被征收土地农民所获土地增值收益份额，进而促进主动城镇化和被动城镇化水平的质量和水平。

（一）外嫁女与招亲户的农村集体经济组织成员资格认定

外嫁女与招亲户是农村集体经济组织成员资格界定的两种常见情况，其中外嫁女主要是在本地出生但成年后出嫁的女性，招亲户是指男方入赘到女方家庭并将户口迁入女方所在地的家庭组织。在不同地区、不同情况下两种农村集体经济组织面临着不同的结果。

1. 有户籍不一定能够获得土地征收补偿款（外嫁女）

本案例取自曹三明（2009）《土地征收补偿分配纠纷案例选编》中"廖辉等诉望城县白箬铺镇齐天庙村小塘尾村民小组等土地征收补偿费分配案"。原告廖辉1975年1月27日出生于新疆，1981年左右随父落户被告小塘尾组①，2002年12月12日登记结婚，但是户口在小塘尾组一直未迁出，与父亲廖全彪为同一家庭户口。2003年12月生育陶思卓（原告）和陶思玥（原告），2004年2月陶思卓和陶思玥户口落于小塘尾组。廖辉在被告小塘尾组承包土地、享有选举权。2005年廖辉夫妇在县城购买商品房居住至今，2007年初地方政府因修建金洲大道征收小塘尾组部分田地并给予相应的补偿。2007年6月，经小塘尾组村民户主大会讨论通过了《小塘尾组村民组土地征收中土地征收费、土地征收补偿安置分配方案》（27户村民中有23户同意），其中规定按照现有法定田亩均分50%的征收款，按照各户现有人口均分50%的征收款，外嫁女以结婚证为准。小塘尾组已经将青苗补偿费发放给廖辉，但是拒绝支付廖辉、陶思卓和陶思玥的土地征收款［718元×3人=2154（元）］。

对于这种土地征收补偿分配的案件，缺少专门的法律规定，法院对这类案件审理的唯一依据就是《最高人民法院关于审理涉及农村土地承包纠纷案件适用法律问题的解释》（2005），其中第二十四条规定："农

---

① 事实上，本案中还有一个被告为改组所在的村民委员会，但是法院通过认定事实后认为，村民委员会不应该承担连带责任，因为县、镇没有具体的资金分配方案，所以补偿款已由村民委员会下发到各村组自行确定分配方案，村委会无权干涉。

村集体经济组织或者村民委员会、村民小组，可以依照法律规定民主议定程序，决定在本集体经济组织内部分配已经收到的土地补偿费。征地补偿安置方案确定时已经具有本集体经济组织成员资格的人，请求支付相应份额的，应予支持。"因此，本案件中争议的焦点就是廖辉以及陶思卓和陶思玥是否具有农村集体经济组织成员权的资格。法院在判定过程中认为，原告虽然具有小塘尾组的户籍，但是廖辉在出嫁后一直未在村内居住，也没有履行集体经济组织成员的义务；陶思卓和陶思玥虽然户口落在小塘尾组，但是也未在该地生活；廖辉的土地承包经营权也是因为土地承包期（30年）导致的，购买商品房在外居住以及不以土地为基本生活保障等原因，法院最后判定原告不具有小塘尾子集体经济组织成员资格，进而驳回原告的诉讼请求。

论点一：①以户籍判断是否具有土地补偿款分配的成员权资格存在不足。户籍与集体经济组织是两种完全不同的成员权界定标准，户籍所确定的成员权更多强调政治上的权利，而集体经济组织成员权更多强调经济上的（财产性）权利以及社会保障方面的权利义务。②集体经济组织成员权资格的确定要从以下三个方面来看：第一，与集体经济组织形成特定的权利义务关系；第二，在集体经济组织的土地上生产生活；第三，以该组织的土地作为基本的生活保障（曹三明，2009）。

关于不能单纯依靠户籍作为土地补偿款分配依据的案例很多，不同法院的判决存在一定的差别。诸如"谢志琼诉梁平县梁山镇镇龙村三组土地补偿费分配案"中一审法院以户籍作为成员权的界定标准，但是二审法院则认为不能单纯依靠户籍作为集体经济组织成员的界定标准，还要依据征地前是否在该集体经济组织生产生活以及是否以该土地作为基本生活来源（曹三明，2009）。

2. 有户籍且不在本村生活也可能获得土地征收补偿（外嫁女）

本案例取自曹三明（2009）《土地征收补偿分配纠纷案例选编》中"张芮铭诉钓台镇八里庄村村民委员会第一村民小组征地补偿款分配案"。原告张芮铭于1976年出生于陕西省咸阳市钓台镇八里庄村村民委员会第一村民小组，于1997年结婚，后离婚，2001年被告与原告家庭签署了土地承包合同；2006年3月7日与李斌结婚，由于李斌及其父母均为非农户籍，原告属于农村户籍不能迁入西安（李斌所在地）；2006年6月20日被告耕地被征收，每个人分得征地补偿款128000元，但是被告并未支取土地征收补偿款给原告张芮铭。

一审法院认为原告为被告村民应该给予和其他成员同等的待遇，而且户口未迁出非自身原因造成，所以应该给予原告12800元土地征收补偿款，被告不服上诉。二审法院认为依据同样的证据认为张芮铭为八里庄村一组的合法村民，应当享有同样的待遇，进而驳回被告的上诉，维持原判。

论点二：本案例中，法院对农村集体经济组织成员资格的界定与前一个案例不同。本案主要是根据《陕西省高级人民法院关于审理农村集体经济组织收益分配纠纷案件若干问题的意见》（2016）第五条和第十二条的规定，第五条规定："农村集体经济组织成员一般是指……依法登记常住户籍并与农村集体经济组织形成权利义务关系的人"，原告张芮铭具有八里庄村一组成员的资格，不在本村生活进而不具备村民资格的观点是没有法律依据的；进一步根据第十二条的规定，户籍仍在原村组的农村集体经济组织的女性成员，与城镇职工或者居民结婚的，有权分享集体经济组织成员权同等收益分配权。所以在本案中，户籍在农村且不在村内长期生活，也不以土地作为生活来源，但是根据《陕西省高级人民法院关于审理农村集体经济组织收益分配纠纷案件若干问题的意见》（2016）的规定原告张芮铭还是获得了土地征收补偿款。

3. 外嫁女能否获得土地征收补偿款的其他几种情况[①]

第一种情况：外嫁女户口（户籍）未迁出，依靠土地为基本生活来源，无其他生活来源。在这种情况下法院一般会判定给予外嫁女土地补偿款。现实案例可以参见曹三明（2009）"林华金诉霞浦县松城街道

---

① 限于篇幅原因未能列出更多的案例，接下来每一种类型后面都给出了具体的案例名称，感兴趣的读者可以进一步参见曹三明（2009）和国家法官学院案例开发研究中心（2019）的案例。

中城村经济联合社等土地补偿款分配案"和国家法官学院案例开发研究中心（2019）"出嫁女是否有权参与分配原承包地土地征收补偿费用——王某仙诉王某英承包地征收补偿费用分配案"。

第二种情况：外嫁女户口（户籍）未迁出，不依靠土地为基本生活保障，法院一般不会判定给予外嫁女土地补偿款。现实案例可以参考曹三明（2009）"廖辉等诉望城县白箬铺镇齐天庙村小塘尾村民小组等土地征收补偿费分配案"。

第三种情况：外嫁女户口未迁出，不依靠土地为保障，给予外嫁女土地征收补偿款的情形，可以参考前面张芮铭的案件（参照陕西省相关规定）。

第四种情况：外嫁女户口迁入（没有土地），法院认定给予土地征收款。参见曹三明（2009）"郭瑞芳等诉唐家村村民委员会等土地补偿款分配案"。

4. 招亲户子女获得土地征收补偿款情形

本案例取自国家法官学院案例开发研究中心（2019）"招亲户子女是否有权参与征地补偿款的分配——邱某珊诉罗源县松山镇白水村民委员会承包地征收补偿费用分配案"。原告邱某珊于2012年10月23日将户籍迁入白水村，拆迁安置前一直常住在白水村。2009年，该村实施易地搬迁过程中松山镇人民政府与该村签订集体所有土地征收协议。2016年12月23日，白水村委会公示的土地征收补偿款分配方案中规定：家中无男丁的招亲户，不管该户中有多少个女孩子，以本户中提出一户进行享受（征地补偿款48000元/人），其他女婿、外甥一律不再享受。因此，邱某珊将罗源县松山镇白水村民委员会上诉法院。

依据《中华人民共和国物权法》（2007）、《中华人民共和国村民委员会组织法》（2010）、《最高人民法院关于审理涉及农村土地承包纠纷案件适用法律问题的解释》（2005）、《中华人民共和国民事诉讼法》（2012）等相关规定，罗源县人民法院审理认为原告邱某珊作为白水村的集体经济组织成员，应享受征地补偿款48000元。

论点三：该案件的争议焦点在于邱某珊的农村集体经济组织成员资格的界定。罗源县人民法院考虑户籍标准、是否依赖本集体经济组织土地作为生活来源标准以及其他一些合理标准（包括是否再本村办理农村社会保险，是否在本村享受宪法赋予公民的选举权、被选举权，并履行选举义务等）等综合考虑认定邱某珊具有白水村的集体经济组织成员资格。

此外，现实案例中还存很多"外来户""出嫁女""入赘男"等是否可以获得征地款的案例，具体可以参见国家法官学院案例开发研究中心（2020）"具备集体经济组织成员资格的'外来户'有权参与农村土地征收补偿费用分配——谭某兴等诉阳西县织篢镇联安村委会大地村村民小组侵害集体经济组织成员权益案"和"出嫁女、入赘男参与承包地征收补偿费用分配的资格认定——刘某芬等诉刘某全、石某英承包地征收补偿费用分配案"等。

（二）超生人员、参军服役人员与失踪人口农村集体经济组织成员资格的认定

在农村土地征收补偿分配的实践中，超生人员、参军服役人员与失踪人口的农村集体经济组织成员资格的认定也是普遍面临的问题。本部分在国家法官学院案例开发研究中心（2019）《中国法院2019年度案例土地纠纷》中选取两个案例来说明超生人员、参军服役人员与失踪人口的农村集体经济组织成员资格认定的标准，为实践中类似案例的处理提供经验借鉴。

1. 超生人员、参军服务人员的农村集体经济组织成员资格认定

本案例取自国家法官学院案例开发研究中心（2019）"超生人员与参军服役人员集体经济组织成员资格的认定——梁某颖、梁某明诉扶绥县新宁镇城厢村南街一队承包地征收补偿费用分配案"。原告梁某颖和梁某明出生后随母亲梁某艳落户于南街一队。梁某颖和梁某明在第一轮（1982年）土地家庭联产承包责任制时获得了集体所有的土地。后来，南街一队以梁某明参军、梁某颖是超生人员收回二者的集体土地。2003

年 6 月，梁某艳与南街一队签订"文屋可"承包地合同。2016 年，文屋可等地因城镇化建设被地方政府征收，南街一队通过召开村民会议后决定，文屋可等地被征收土地按照每亩地 68000 元补偿，在文屋可等地有承包地的健在人口按照每人 42000 元补偿。最终，梁某颖和梁某明并未获得每人 42000 元的补偿。因此，梁某颖和梁某明将南街一队诉至法院，要求补偿他们的土地征收补偿费和安置费共计 154380 元。

广西壮族自治区扶绥县人民法院依据梁某颖和梁某明出生时即依法登记在梁某艳户籍下的事实，认为梁某颖作为超生人员而丧失集体经济组织成员资格缺少法律依据，而正在服兵役的梁某明复员或者转专业后仍可能以集体土地作为基本生活保障。因此，一审法院认为原告二人具有南街一队的集体经济组织成员资格，并向原告二人支付土地补偿费、安置补助费和生活费共计 84000 元。

梁某颖、梁某明和南街一队均不服一审判决，提出上诉。广西壮族自治区崇左市中级人民法院关于梁某颖的判定依据与一审法院相同，判定应给予梁某颖征地补偿费、安置补助费和生活补助费 42000 元。主要不同在于二审法院认为梁某明户口已经迁至湖南省怀化市，已经丧失了南街一队的集体经济组织成员资格，故一审法院判定给予梁某明征地补偿费、安置补助费和生活补助费 42000 元不妥，予以撤销。

论点一：梁某颖虽为超生人员且无承包土地，但依据《中华人民共和国农村土地承包法》（2009）规定，农村土地的承包方是农户而非农户内的成员，而且家庭承包地是梁某颖的基本生存保障来源，因此，梁某颖具有农村集体经济组织成员资格。而梁某明的集体经济组织成员资格认定则相对复杂。依据《最高人民法院第八次全国法院民商事审判工作会议（民事部分）纪要》（2016）精神，集体经济组织成员资格的丧失要以是否获得其他生存保障作为重要的参考因素，梁某明已超出义务服役期，成为享受国家工资和福利待遇的职业军人，因此，梁某明已经不再具备集体经济组织成员的资格。

2. 失踪人口的农村集体经济组织成员资格认定

本案例取自国家法官学院案例开发研究中心（2019）"失踪人口是

否依法享受征地补偿款的分配请求权——黄某允、严某珍诉防城港市防城区文昌街道城南村民委员会大塘江村民小组承包地征收补偿费用分配案"。原告黄某允和严某珍以及儿子黄某户口均在大塘江组。2013年9月，黄某离家出走，下落不明。2015年大塘江组土地被征收，并召开村民代表大会决定土地补偿费的分配方案。方案规定在该组有承包地且有户口的补偿费用按照100%的基数（76000元）进行分配，无承包地但有户口的补偿费用按照70%的基数（53200元）分配。还进一步明确了自分配方案生效之日算起，有该组户口但失踪人员三年内回到本村按照100%基数（76000元）和70%基数（53200元）分配人口钱。大塘江组按照上述方案分别给予黄某允和严某珍100%基数和70%基数的土地补偿费，黄某并未得到补偿费用。

原告黄某允和严某珍以黄某有精神病为由代理其提起诉讼，要求代管黄某的土地补偿费。2016年8月，法院认定黄某是否患有精神疾病不能确定，原告二人代理黄某起诉不符合法律规定。2017年2月，黄某允和严某珍向法院申请黄某失踪，2017年6月，法院判决宣告黄某失踪，指定原告二人作为黄某的财产代管人，大塘江组向原告二人支付土地补偿费53200元。

论点二：本案中对失踪人员能够获得土地补偿费判决主要依据三点：一是大塘江组经村民代表大会讨论的土地征收补偿分配方案中并未规定失踪人口不能获得土地征收补偿，主要依据《最高人民法院关于审理涉及农村土地承包纠纷案件适用法律问题的解释》（2005）中第二十四条的规定；二是本案中的征地行为（2015）发生在法院宣布黄某为失踪人口（2017）之前；三是被宣告失踪的自然人依然具有民事权利能力和民事行为能力，这也就意味着失踪人员黄某能够享有集体经济组织成员资格的各项权利，即他有资格获得土地征收补偿款。

（三）农村土地实际承包人能够获得土地征收补偿款

在农村土地征收补偿款的实践中，可能存在农村承包地互换以及通过家庭承包方式获得土地的情形。那么，这些情形的农村土地征收补偿款如何来进行分配？本部分的案例仍然取自国家法官学院案例开发研究中心（2019）主编的《中国法院2019年度案例土地纠纷》和国家法官学院案例开发研究中心（2020）主编的《中国法院2020年度案例土地纠纷》。

1. 农村承包地互换的土地征收补偿款分配问题

本部分案例取自国家法官学院案例开发研究中心（2019）"互换承包地的，实际承包人享有承包地征收补偿费用——孟某明诉安阳县洪河屯乡辛正村村民委员会、安阳县洪河屯乡政府承包地征收补偿费用分配案"和"承包地实际经营者为征收补偿费分配对象——蔡某吉诉永安市人民政府燕南街道办事处永浆村民委员会等承包地征收补偿费用分配案"。

上述两个案例分别发生在河南省安阳市和福建省三明市，但两个案例的情形比较类似。河南案例中孟某明与孟某友以口头协议方式互换耕地（未经村委会备案），后因互换耕地块征收而引发土地征收补偿款争议，村委会未将征收补偿款给予孟某明，故孟某明将安阳县洪河屯乡辛正村村民委员会和安阳县洪河屯乡政府上诉法院。福建案例中蔡某吉与蔡某林、邓某林、刘某平、廖某兰同属永浆村某一小组成员，蔡某吉因要建鱼池养鱼与蔡某林等四人互换地块，该地块后因被征收以及村委会针对该地块同时错发《土地承包经营权证》和《耕地承包合同书》给蔡某吉和蔡某林等四人，导致双方就土地征收补偿款所属产生争议。经法院审理上述两个案件的判决结果也类似。两个案件中都以互换承包地后承包地的实际耕种人予以征收土地的补偿款。

论点一：上述两个案件中审理判决主要基于以下几个依据：一是根据《中华人民共和国农村土地承包法》（2009）第四十条和第三十七条以及《中华人民共和国合同法》关于也可以通过口头或者其他方式订立合同等相关规定，承包地互换具有法律效力，互换后享有获得土地征收补偿款的权利。二是根据《中华人民共和国农村土地承包法》（2009）第三十七条以及《最高人民法院关于审理涉及农村土地承包纠纷案件适用法律问题的解释》（2005）中第十四条关于"承包方依法采取转包、出租、互换或者其他方式流转土地承包经营权，发包方仅以该土地承包经营权流转合同未报其备案为由，请求确认合同无效的，不予支持"等相关规定，承包地互换未备案换地事实具有法律效力。

2. 非家庭承包方式承包土地被征收的土地征收补偿款分配问题

本部分案例取自国家法官学院案例开发研究中心（2020）"以非家庭承包方式承包的农村土地被征收的，土地增值部分的补偿归集体所有——曾某富诉来宾市兴宾区迁江镇迁江社区居民委员会、来宾市兴宾区迁江镇迁江社区第 11 生产队承包地征收补偿费用分配案"。1996 年 11 月，原告曾某富与居委会签订承包期 30 年的那扭片荒岭南面 30 亩土地栽种果树，并逐渐将扭片荒岭北面种植果树。2016 年，因某项目所需以 44002 元/亩补偿标准而征收扭片荒岭北面土地 15.168 亩，土地征收补偿费共计 667422 元。在给予曾某富青苗补偿费后，土地征收补偿费所属问题产生争议。曾某富认为争议土地经自己耕种由荒地变为旱地，他认为土地增值部分应归自己所有，而迁江社区第 11 生产队认为土地补偿费应归该生产队所有。因此，曾某富上诉来宾市兴宾区法院。

来宾市兴宾区法院审理驳回了曾某富关于土地征收补偿费的诉讼请求。曾某富不服一审判决，提起上诉。来宾市中级人民法院经审理认为，一审法院关于曾某富土地承包方式的认定以及土地征收补偿款所述处理正确，驳回了曾某富的上诉，维持原判。

论点二：本案审理判决的依据主要基于以下两点：一是农村土地的承包方式问题。根据《中华人民共和国农村土地承包法》（2009）的第二章和第三章的规定，农村土地承包有"家庭承包"和"其他方式的承包"两种方式，其中"家庭承包"的农村土地被征收可以获得土地征收补偿费，而"其他方式的承包"并未规定承包方是否享有土地征收补偿款事项。二是除《农村土地承包法》并未就"其他方式的承包"中土地征收补偿款事宜进行规定外，曾某富与居委会签订承包合同时并未就土地征收后的土地征收补偿款事宜进行约定。

四、成员权与收益权的协调对城镇化与乡村振兴融合发展的重要意义

土地增值收益第二层次分配中的成员权与收益权的协调发展对城镇化与乡村振兴的融合发展具有重要影响，其关键在于农村集体经济组织成员权资格的界定以及土地征收补偿费用的分配形式。从本节上述案例的分析中不难发现，实践中的农村集体经济组织成员资格界定面临诸多现实困境，包括外嫁女与招亲户、超生人员、参军服役人员与失踪人口、农村土地互换以及以非家庭承包方式承包土地补偿款的分配等问题，法院在实际审判类似案件时不仅要综合考虑登记主义、事实主义和折中主义等不同的农村集体经济组织成员权的资格，还会考虑当地经济发展水平等诸多实际情况，其根本目的是保护农民的土地增值收益的权益。

农村集体经济组织成员资格的清晰界定有利于提高农民所获得土地增值收益份额，为他们进入城市生活提供了资本支持，进一步带动主动城镇化和被动城镇化水平的提高。此外，村委会通过预留土地增值收益份额开办乡村产业，不仅能够为被征收土地农民提供稳定的收入来源，也进一步带动了乡村的全面振兴发展。

第三节 小 结

本章主要针对第三章农村土地征收视角下城镇化与乡村振兴融合发展困境提出了针对性的解决对策。

首先，农村土地增值收益分配格局应从"重工业化、轻城镇化、弱乡村发展"向"工业化、城镇化、乡村发展并重"转变。这种转变对村委会和农民具有重要意义，有利于提高主动城镇化和被动城镇化水平，以及推动乡村产业发展。进一步地，村委会在土地增值收益分配过

程中扮演着失地农民的代表、土地增值收益分配方式的决定主体以及土地股份公司的实际管理者三种角色在,这都将有利于推动城镇化与乡村振兴的融合发展。

其次,土地增值收益第二层次分配中成员权与收益权协调的关键在于农村集体经济组织成员资格的界定问题。在本章中主要从曹三明(2009)和国家法官学院案例开发研究中心(2019;2020)的案例中选取外嫁女与招亲户、超生人员、参军服役人员与失踪人口的农村集体经济组织成员资格认定以及农村土地实际承包人是否能够获得土地征收补偿款等案例进行农村集体经济组织成员资格界定的说明,为其他实践中的成员权资格界定提供经验借鉴。

| 下 篇 |
农村土地产权制度变迁视角下城镇化
与乡村振兴的融合发展

第五章

农村土地产权制度改革对城镇化与乡村振兴融合发展的影响机制分析

如导论所言,城镇化可从进入城市的"意愿"和"能力"角度划分为主动城镇化和被动城镇化,农村土地产权制度安排更多影响的是"主动城镇化",即第一种类型(有进城意愿+有能力承担在城市生活成本)和第二种类型(有进城意愿+无能力承担在城市生活成本)。因此,在农村土地产权制度变迁视角下主动城镇化水平提高的关键在于如何提高第一种类型和第二种类型中农民在城市生活的能力,即通过农村土地产权制度安排提高他们的财产性收入水平。

乡村振兴战略是在农业边缘化、乡村空心化和农民老龄化日益严重背景下提出的(项继权、周长友,2017),农村人、财、物等要素不断向城市集聚是导致上述问题的重要原因(魏后凯,2017)。因此,"人、地、钱"要素流向农村是乡村振兴发展的关键(罗必良,2017),其中"地"的产权制度安排是影响"人"和"钱"流向农村的核心要素(张广辉、陈鑫泓,2020)。

改革开放初期,农村土地产权制度安排逐渐呈现出土地所有权归集体所有、承包经营权归农民所有的"两权分离"特征。以"两权分离"为基础的家庭联产承包责任制有效调动了农民的生产积极性,实现了我国农业经济的高速增长和长足发展。随着当前经济发展条件的变化,农村土地产权"两权分离"的弊端不断凸显。据农业部提供的数据显示,截至2016年6月,我国农村土地的流转面积已经接近土地总面积的近1/4,发达省份的比例甚至超过50%。另外,全国各地还有不少农村土地被弃耕撂荒(李俊高、李萍,2016)。农村土地流转规模的扩大以及撂荒面积的增加都面临着农村土地产权"两权分离"的制度约束(李恒,2015)。这可能会导致两方面影响:一是农村土地的财产性功能尚未有效发挥作用,不利于农民获得财产性收入,降低了农民进入城市生活的意愿和能力;二是农村土地的利用效率低下,不利于我国农业农村的现代化目标的实现,也进一步影响到乡村的振兴发展。因此,农村土地"两权分离"制度安排不利于城镇化与乡村振兴的融合发展,进一步倒逼农村土地产权制度由"两权分离"到"三权分置"的转变。

本章内容安排如下:第一节讨论在农村土地"两权分离"产权制度安排下,城镇化与乡村振兴融合发展面临的困境;第二节讨论农村土地"三权分置"产权制度安排对城镇化与乡村振兴融合发展的影响机制;第三节为小结。

第一节 城镇化与乡村振兴融合发展:农村土地"两权分离"视角

在农村土地"两权分离"产权制度安排下,农村土地承包经营权呈现出具有成员权与用益物权的双重属性,这进一步影响到农民流向城市以及"人""钱"进入农村,进而影响到城镇化与乡村振兴的融合发展。

改革开放以来,农村土地实行所有权归集体所有、承包经营权归农民所有的"两权分离"制度,该制度与当时的农村社会生产力相适应,有效调动了农民的积极性,为农业农村发展做出了重要贡献。从农村土地产权角度来看,与宅基地使用权类似,土地承包经营权具有成员权与用益物权的双重属性,其中成员权属性是以农村集体经济组织成员为基础，成员权是农民获得农村土地的前提，为农民提供最基本的生存保障，也是实现农村土地保障功能的基本要求。而用益物权属性是在成员权的基础上赋予农民的财产性权利，是指农民通过农村土地流转等方式可获得财产性收入，是实现农村土地财产功能的基本要求（李凤章、李卓丽，2018）。

一、农村土地承包经营权双重属性与主动城镇化

主动城镇化强调提高有意愿进入城市农民在城市生活的能力，其关键在于如何通过农村土地财产权利增加他们的收入水平。农村土地财产收入水平的提高更多通过农村土地承包经营权的流转、抵押等方式来实现。从现实角度来看，农村劳动力大规模流向城市为农村土地流转提供现实可能性。基于农村土地"两权分离"的家庭联产承包责任制调动了农民的生产积极性，创造了更多的物质财富，农村"隐性失业"逐渐显性化，释放出更多的农村剩余劳动力。随着工业化和城镇化发展水平的不断提高，城乡收入差距的不断扩大以及户籍制度的逐步放松导致更多的农村劳动力向城市转移。

但农村土地承包经营权双重属性降低了农民的土地流转意愿，还在一定程度上增加了农村土地撂荒面积。承包经营权的成员权和用益物权属性分别强调农村土地的保障功能和财产功能，其中财产功能需要通过农村土地的流转等方式实现，但保障功能是农村土地产权制度安排的首要目标。农村土地是农民最为重要的资产且为农村提供基本保障，农村劳动力大规模向城市转移为农村土地流转提供现实可能性的同时，农民担心农村土地流转给他人后不能收回而降低流转意愿或者只愿意将土地短期流转给同村或者邻村的其他农民，还可能导致宁可撂荒也不流转现象的出现，进而导致农村土地利用效率低下。农村土地撂荒可分为农民直接放弃承包地耕种的全年性撂荒与土地复种指数下降所引起的季节性撂荒，其中全年性撂荒更能说明农村土地利用效率低下。以内蒙古卓资县为例，2017年撂荒耕地面积达到18.9万

亩，占当地承包地总面积的30%，这种情况在别地也并不少见（张广辉、方达，2018）。

农村土地承包经营权的成员权与物权属性之间存在着"此消彼长"的关系，这意味着农村土地的保障功能与财产功能之间存在矛盾。长期以来，农村土地保障功能是"两权分离"产权制度安排的首要目标，这也使农村土地的财产功能呈现出逐步放开的特征。不断修订的《中华人民共和国土地管理法》（1986；1988；1998）逐步允许土地使用权的依法转让。《中共中央关于做好农户承包地使用权流转工作的通知》（2002）和《中华人民共和国土地承包法》（2002）指出土地承包方农民拥有承包地的使用权、收益权和土地承包经营权流转的权利，其中农民自主决定是否流转以及到底采取转包、出租、互换、转让等何种方式流转。2008年的《中共中央关于推进农村改革发展若干重大问题的决定》又将股份合作纳入土地流转方式之中。《中华人民共和国物权法》（2007）将土地承包经营权界定为用益物权，强化了土地承包经营权权能。《中共中央关于全面深化改革若干重大问题的决定》（2013）又进一步提出了土地承包经营权抵押和担保权能，"允许农民以承包经营权入股发展农业产业化经营"（孔祥智、刘同山，2014）。从这些法律法规和政策文件中不难发现，土地承包经营权权能的范围不断扩大。特别是《中共中央关于全面深化改革若干重大问题的决定》（2013）中增加了土地承包经营权的抵押和担保权能，农民可以通过土地承包经营权获得更多财产性收入。但限于承包经营权双重属性原因，农民通过土地获得财产性收入空间有限。

因此，土地承包经营权双重属性降低了土地流转意愿，农村土地的财产性功能弱化。在农村土地"两权分离"背景下，农村土地承包经营权呈现出"重保障功能、弱财产功能"特征，这也意味着农民通过农村土地承包经营权流转、抵押等方式获得财产性收入水平能力有限，进而影响到有意愿进入城市农民在城市生活的能力，不利于主动城镇化水平的提高。

二、农村土地承包经营权双重属性与乡村振兴发展

如前面所述，乡村振兴发展可通过农村土地产权制度安排引导"人"和"钱"流向农村。在农村土地"两权分离"背景下，农村土地承包经营权双重属性在一定程度上限制了"人"和"钱"进入农村，进而影响到乡村的振兴发展。

（一）农村土地承包经营权双重属性与人才下（回）乡

根据国家统计局数据显示，2018年末全国农村常住人口为56401万人，占全国总人口的40.42%，同比下降2.19%[①]。如此庞大的人口资源，本应是实现乡村振兴的一笔巨大财富。但农村人口的老龄化倾向、青壮年劳动力流失、各类人才缺乏等问题却极易让"财富"变为"包袱"。根据全国第三次农业普查数据显示，在农业生产经营人员中，年龄在35岁及以下的只占19.2%，而接受过大专及以上教育的占比仅为1.2%，这种现状势必会影响乡村振兴目标的实现。2018年6月，习近平总书记在山东省考察时指出，"乡村振兴，人才是关键。要积极培养本土人才，鼓励外出能人返乡创业，鼓励大学生村官扎根基层，为乡村振兴提供人才保障"。[②] 此外，农村人口持续流向城市是城镇化的必然要求。党的十九大报告中也明确指出要加快农业转移人口的市民化进程。但农村土地承包经营权双重属性在一定程度上影响了外出能人返乡、大学生扎根农村以及城市人才下乡。首先，通过农村土地规模经营从事家庭农场、农民合作社或者农业企业是外出能人返乡创业的重要形式，但农村土地的承包经营权双重属性使农民担心农村土地流转给返乡创业农民从事规模经营之后不能收回，并进一步影响农民的基本生存保

[①]《中华人民共和国2018年国民经济和社会发展统计公报》，http://www.stats.gov.cn/tjsj/zxfb/201902/t20190228_1651265.html。

[②]《习近平讲述如何为乡村振兴提供人才保障》，中国新闻网，https://www.chinanews.com/gn/2018/06-18/8540190.shtml#zw_cyhd。

障，进而导致农村外出能人返乡创业受限。其次，农村一、二、三产业融合发展是吸引大学生扎根农村以及城市人才下乡的重要途径，其中农业龙头企业带动模式、工商资本带动模式、垂直一体化经营模式以及"互联网+农业电商平台"模式等是农村一、二、三产业融合发展的主要实践形式（吕岩威、刘洋，2017）。农村土地是农村一、二、三产业融合发展的核心要素（苏毅清、游玉婷、王志刚，2016），而农村土地双重属性通过影响其流转而阻碍农村一、二、三产业的融合发展，进而在一定程度上影响大学生扎根农村以及城市人才下乡。

（二）农村土地承包经营权双重属性与社会资本下乡困境

2018年1月，中共中央、国务院印发的《中共中央国务院关于实施乡村振兴战略的意见》中明确指出"实施乡村振兴战略，必须解决钱从哪里来的问题"，并强调"撬动金融和社会资本更多投向乡村振兴"，这为社会资本进入农村提供了支持，而农村土地的承包经营权的双重属性在一定程度上影响社会资本下乡。

首先，农村土地承包经营权双重属性并不利于社会资本进入农村。承包经营权双重属性更多地强调农村土地的社会保障功能，农村土地的社会保障功能并不是传统意义上的社会福利，而是在农村社会保障制度不完善背景下的一种保障。当进城农民在城市不能继续生活而被动返乡时，农村土地将是他们维持基本生活的最后一道防线，这也进一步降低农村土地的流转意愿。承包经营权双重属性不利于农村土地的规模化经营，零碎的农村土地很难吸引社会资本到农村投资。

其次，农村土地承包经营权双重属性使不同主体对社会资本下乡产生影响。从地方政府角度来看，承包经营权双重属性使农民降低了农村土地流转意愿，而地方政府可能会积极推动社会资本下乡来实现农业现代化，并以此来完成中央政府对地方政府的政绩考核。特别地，地方政府更愿意支持1000亩以上的社会资本，这可能进一步损害农民的利益（王彩霞，2017）。此外，地方政府在社会资本进入农村方面还存在引导不足、监管不力以及信息服务不到位等问题（张尊帅，2013）。从农民角度来看,当社会资本进入农村占用农民的土地时,这在一定程度上意味着农民失去了基本的生存保障,进一步导致他们有更高的利益诉求,包括他们的就业安置情况、较高的流转收益等。此外,社会资本的资质也会在一定程度上影响农民的权益。2012 年,黑龙江省七合畜牧有限公司为减少与农民之间的交易成本,通过巴彦县多个乡镇租用农民的土地,并约定分三次支付租金并创办生猪养殖基地及建设配套设施等。但后来这家畜牧企业无力支付土地租金,并导致当地土地表层的黑土遭到破坏,千亩良田撂荒[①]。一些社会资本下乡的积极性很高,但由于缺乏对自身实力的清晰定位以及对农业基本属性、农业投资的周全调查研究,盲目跟风进入农村。但下乡后才发现实际情况与所想差异很大,结果是"有实力争地,却没能力种田"。一旦资金周转跟不上,就会陷入困境,导致大量项目"烂尾"。最后可能导致社会资本单方面毁约甚至"跑路",使农民利益受损。

最后,农村土地承包经营权双重属性使社会资本进入农村过程中更多地注重短期利益。承包经营权双重属性以及农村土地承包期的限制,使社会资本进入农村后出现一些短视行为:①操作违规以及农村土地利用不当问题。一些社会资本下乡之初就动机不纯,试图借农村土地流转之名,将农业用途改为非农业用途。还有一些社会资本打"擦边球",通过"以租代征"方式开发经济效益更高的非农业项目,进而侵害农民的权益。②社会资本可能会在短期内大量使用化肥、农药等,或者利用农村土地开办农业相关产业时,进而给当地造成严重环境污染。以湖南省汨罗市 S 村为例,当地在"老人农业""空心村"特征明显的情况下,于 2012 年引入 J 企业开办种猪养殖场来带动经济增长。然而,事先 J 企业向 S 村许诺的"现代化技术""生态农业"并没有兑现。J 企业入驻三年后,当地农民发现自家饮用水源受到明显污染。不仅如此,当地居民赖以生活和灌溉的水库由于水质受到严重污染,已经变黑发

[①] 潘祺:《千亩良田何以撂荒——黑龙江省巴彦县部分乡镇政府拖欠农民租地款调查》,http://www.xinhuanet.com//local/2017-08/21/c_1121518989.htm。

臭，极大地影响了当地农民的正常生产生活（李俏、金星，2018）。社会资本下乡一般涉及企业、地方政府、当地农民等主体的利益诉求，因此，在面对环境问题时利益相关主体可能会出现以下情形：社会资本在经济利益的刺激下，试图掩盖对环境的负面影响；地方政府在"GDP锦标赛"的压力下，对环境问题"放水"；农民作为最直接的环境利益相关者，迫切希望解决环境污染问题，却面临着自身应对能力不足、解决渠道不畅、内部意见分化等窘境。

三、农村土地承包经营权双重属性对城镇化与乡村振兴融合发展的影响

如前面所述，在农村土地"两权分离"产权制度安排下，农村土地承包经营权的双重属性对城镇化水平的提高与乡村的振兴发展产生了一定的阻碍作用。一方面，土地承包经营权的双重属性在一定程度上限制了农民进入城市生活的意愿和能力；另一方面，土地承包经营权的双重属性也不利于城市人才下（回）乡和社会资本进入乡村，这也在很大程度上限制了乡村的振兴发展。因此，如何破解农村土地"两权分离"产权制度安排下的土地承包经营权双重属性是关键，这也进一步推动了农村土地的"三权分置"产权制度改革进程。

第二节 城镇化与乡村振兴融合发展：农村土地"两权分离"到"三权分置"

在农村土地"两权分离"背景下，承包经营权的成员权与物权的双重属性导致农村土地流转受限，并进一步导致城乡人口流动与社会资本下乡面临诸多困境，这也进一步造成了城镇化与乡村振兴的融合发展困境。将农村土地的承包经营权细化为承包权和经营权是解决承包经营权的双重属性问题，这也是农村土地"三权分置"改革的主要目标。

农村土地"三权分置"改革强调落实集体所有权、稳定农户承包权、放活土地经营权,其中落实集体所有权是土地产权制度安排的基本要求,农户承包权与"两权分离"制度下承包经营权的成员权属性类似,土地经营权与"两权分离"制度下承包经营权的物权属性类似。因此,承包权与经营权分置有效解决了农村土地"两权分离"背景下的承包经营权双重属性问题。

拥有承包权是农户获得农村土地的前提,稳定农户承包权是放活土地经营权的基本要求,能够为农民提供最基本的保障,为农村土地流转打下坚实的产权基础。从"人"的角度来看,一方面,承包权与经营权分离有利于让有意愿进入城市的农民放心地流转土地的经营权,实现农村土地的物权属性并获得进入城市的货币资本,有利于推动城镇化水平的提高。另一方面,承包权与经营权的分离有利于让外出能人返乡集中土地经营家庭农场、农民合作社、农业企业等,并进一步带动城市人才下乡,能够有效解决农村土地撂荒问题。从"钱"的角度来看,放活土地经营权为社会资本进入农村提供了渠道,有利于解决农业经营资本不足的困境,并进一步促进家庭农场、农民合作社以及农业企业等新型农业经营主体的发展(张广辉、方达,2018)。社会资本进入农村会进一步吸引外出能人返乡创业以及城市人才的下乡。因此,农村土地"三权分置"改革能够有效推动城乡要素的有序流动,促进乡村的振兴发展。

一、农村土地"三权分置"与土地利用效率提高

如前面所述,在农村劳动力大规模向城市转移的背景下,在农村土地"两权分离"产权制度安排下,承包经营权双重属性在一定程度上限制了土地流转,这种限制的原因在于农民担心不能收回土地,并进一步导致农民抛荒或者只将农村土地小规模且短期流转给同村或者邻村的农民。农村土地"三权分置"是在落实集体所有权的基础上,以第二轮承包期到期后再延长30年来稳定农户承包权,这为农民通过大规模长期流转方式放活土地经营权提供了产权基础,并进一步推动农民合作

社、家庭农场等新型农业经营主体的发展，进而解决农村土地撂荒问题（李少民，2017）。2018年9月21日，习近平总书记在中央政治局第八次集体学习时强调，要突出抓好农民合作社和家庭农场两类新型农业经营主体的发展，其中农民合作社是生产、提供同类或相关农产品、生产服务的生产经营者，这些生产经营者在平等互助、民主管理的基础上自愿入社和退社。① 家庭农场是当前受到普遍关注的一种新型农业经营主体，属于家庭经营的范畴，其主要工作人员是家庭成员。农民合作社和家庭农场在规模化和集约化的基础上有助于现代农业的生产经营。农民合作社和家庭农场的最大优越性来自农村土地的规模化经营，当农村土地经营规模超过100亩时，土地利用效率和经济效益分别提高10%和25%（党国英，2013）。

二、农村土地"三权分置"对主动城镇化的积极作用

前面多次强调，促进第一种类型和第二种类型农民进入城市进而提高主动城镇化水平的关键在于提高他们在城市生活的能力，即提高他们的收入水平。农村土地"三权分置"改革能够在一定程度上提高农民的财产性收入水平。在落实农村土地集体所有权基础上，稳定农户承包权减少了农民流转土地不能收回的担心，有利于实现农村土地的保障功能，进而提高农民流转土地的意愿。放活土地承包经营权有利于提高农民的财产性收入，实现农村土地的财产功能，并进一步促进农民走出农村继续流向城市。2018年9月26日，中共中央、国务院发布的《乡村振兴战略规划（2018－2022年）》中强调在维护农民土地承包权基础上促使有条件的农民向城市转移落户。此外，规划中还指出要不断提高农民的素质水平，拓展农民的就业渠道，引导农民外出就业。

---

① 《习近平主持中共中央政治局第八次集体学习》，http://www.xinhuanet.com/politics/leaders/2018－09/22/c_1123470956.htm。

三、农村土地"三权分置"对乡村振兴的积极影响

农村土地从"两权分离"到"三权分置"的转变有利于促进农村外出能人返乡、城市人才下乡,并为社会资本进入农村提供了可行途径,这为乡村振兴发展起到了积极的促进作用。

(一)农村土地"三权分置"与城市人才下(回)乡

1. 农村外出能人返乡在乡村振兴中扮演重要角色

农村外出能人是农民中较为特殊的群体。一方面,他们在农村劳动过、生活过,熟悉当地农村的情况;另一方面,他们进入过城市,接触过新的生活方式、思维理念,积累了一定的经验、技术和资金。此外,外出能人的社会关系网络主要在农村,更容易产生建设农村、回报家乡的情感共鸣,在此基础上实现自我价值,也就更愿意长期留在农村。因此,返乡创业的外出能人应该是乡村振兴的重点扶持对象。根据人力资源和社会保障部的统计,近年来返乡创业的外出能人总数一直保持着两位数的增长速度。据国家发改委《农村一二三产业融合发展年度报告(2017年)》数据显示,截至2017年底,已有超过740万人选择返乡创业。在农村土地"三权分置"背景下,放活土地经营权有助于为外出能人返乡规模经营土地提供可行的途径,但外出能人返乡创业过程中还面临诸多困境,应积极寻找应对策略:①创业资金短缺。尽管部分外出能人在城市积累了一定资金,但还远远不能满足创业需求。有学者通过调研发现,外出能人打工积累资金在他们返乡创业所需资金中仅占20%。可通过提高地方政府财政投入力度以及合理引导社会资本投入来解决外出能人返乡创业资金短缺问题,但也要强化财政投入资金的监督管理,并提高财政投入资金的使用效率(杨召奎、王群,2016)。②警惕盲目返乡创业。农村外出能人返乡创业中,"新生代"占很大比例。他们尽管生在农村,却对农业生产活动知之甚少,农业技能、经验也较为缺乏。在看到一些返乡创业的成功案例后,这部分年轻人极容易冲动创

业。在没有深思熟虑的情况下,很可能是"上山容易下山难"。尤其是年轻人碍于情面,不愿承认失败,只能苦苦硬撑,这样的返乡创业是盲目的、低质量的。③过度依赖地方政府扶持。各级政府对返乡创业都有政策支持,很多甚至已经"越位",超出政府应该干预的范围。但外出能人返乡创业的成功与否,最终还是要靠市场检验。返乡创业过程中完全依靠政策支出与救助,无法让创业真正具有生命力。但返乡创业作为乡村振兴的一项重要工作,政府又不得不进行干预。如何确保在不"越位"的同时不"缺位",是对各级政府管理智慧的考验。④外出能人在城市所积累的技术、经验、人际关系等资源对其返乡创业影响有限。其原因在于他们返乡创业所选择的领域与其在城市所从事行业有很大差异。大多数外出能人在城里并未有完整创办企业的经历,对自身定位认知可能也有所偏差,导致其在创业过程中并未充分发挥他们的比较优势。因此,地方政府可通过培训与扶持积极帮助外出能人返乡创业。

2. 引导大学生扎根农村与城市人才下乡

农村土地"三权分置"通过提高土地流转意愿,进而培育家庭农场、农民合作社或者农业企业等新型农业经营主体,以及推动农村一二三产业的融合发展,并进一步为大学生扎根农村与城市人才下乡提供就业岗位。现实中的大学生扎根农村与城市人才下乡难在很大程度上是源于个人对农村发展前景的信心不足。而信心不足往往来自对农村发展现状和规划的不了解甚至是误解,进而也就很难激发大学生扎根农村与城市人才下乡的热情。应以互联网、新媒体为载体,探索宣传农业农村相关人才政策、发展规划的新方式,最大限度地扫除社会上对农村的误解障碍。尤其要在各大专院校做好宣传工作,鼓励有志向扎根农村的大学生早做准备,适时给予到农村产业中实践锻炼的机会。此外,要逐步完善对人才的培养机制,重点培养接受能力强、业务素质过硬的年轻人才,为农村产业储备会管理、懂技术的职业经营者。特别注意完善人才的培养机制,探索政府、合作社、培训机构以及个人多方利益平衡的培训方式,引入"产学合作、订单式"等培养模式。

(二) 农村土地"三权分置"与社会资本下乡

1. 放活土地经营权有利于引导社会资本下乡

农村土地"三权分置"强调在落实集体所有权、稳定农户承包权的基础上,放活承包地经营权,其中落实集体所有权是承包地"三权分置"的前提,是保障承包地集体所有的基本产权安排;稳定农户承包权是承包地"三权分置"的基础,有利于农民通过流转土地来放活农村土地经营权,进一步为社会资本进入农村提供制度支持。

2. 在社会资本下乡过程中规范不同主体的行为

地方政府应该在引导社会资本进入农村、监管社会资本的运作以及信息服务方面发挥重要作用。对于农民而言,当社会资本进入农村占用农民土地时,农业企业应与当地政府、村集体协商好农民的安置问题。针对不同农民的不同诉求,可采取不同的安置方式:①对于有意愿就业的农民而言,农业企业可综合考虑自身发展需要与农民个人情况,以雇佣到该企业工作的方式解决其就业问题。此举既让农民的身份转变为工人,也让其同时获得了土地租金与工作收入,有利于实现收入来源的多元化和提高家庭收入的稳定性。②对于有自主创业意愿的农民而言,可给予一定的扶持帮助。例如,根据农业企业所经营的农产品或服务,创办下游提高产品或服务附加值的企业。进一步地,农业企业可提供两种方式供农民选择:一是由农业企业投资创办下游企业,农民通过承包的方式从农业企业承租经营;二是由农民根据农业企业的统一要求,自己投资创办企业,农业企业为农民提供货源、市场营销和品牌形象服务。这既满足了农民自主创业的意愿,也有利于农业企业的业务拓展,实现双方互利共赢。对农民的安置要遵循农民自愿原则,力求通过农民的就业创业进一步提升土地流转的稳定性。

3. 约束和防范不同类型社会资本下乡的行为与风险

社会资本下乡根据其目的不同可分为三类:①在满足企业自身发展需要的同时,响应国家乡村振兴战略号召。对这类社会资本下乡,需要当地政府、社会各界积极营造良好的营商环境,依靠有效的公共服务、完善的基础设施建设为资本下乡创造有利条件。②谋求利润最大化，盲目追赶下乡潮流的社会资本。当前下乡社会资本可能来自房地产、钢铁、煤炭等多样化的行业，应做好社会资本下乡相关政策解读工作，让下乡社会资本对进入农村的风险性、长期性有充分了解。此外，地方政府必须对下乡社会资本的资质进行严格审核，探索引入第三方评估方案可行性模式。建立"风险共担、利益共享"的利益分配机制，切实保障农民和农业企业的合法利益。③巧立名目违规占地，从事高档会所、高尔夫球场等非农建设，或者通过非法集资谋求暴利的社会资本。"跑马圈地"可能会造成农村土地"非粮化""非农化"，触碰到国家粮食安全的红线，并不能保证"把中国人的饭碗在任何时候都牢牢端在自己手上"。违规成本低于其可能获得的收益是社会资本下乡敢于违规操作的重要原因之一。因此，地方政府应在提高企业的违规成本上下大力气，针对具体问题制定具体处理办法，做到"有法可依、有法必依、执法必严、违法必究"。政府相关部门要加强监管力度，畅通、创新农民反馈意见的渠道，及时纠正处理企业的违规操作行为。

此外，社会资本下乡可能造成的环境污染问题，需要在农业企业、当地政府和农民三方的共同努力下解决。农业企业应当在初期对土地、生态做出合理规划，在实现规模化生产经营的同时也要自觉保护当地自然环境。政府相关部门要定期不定期向利益关联方普及环保知识，建立健全环保监督机制。进入农业企业的农民也要积极转变传统观念，接受先进的农业生产技术，推动农业实现现代化。

第三节 小 结

本章分别讨论了在农村土地"两权分离"和"三权分置"产权制度安排下，农村土地产权对城镇化与乡村振兴融合发展的影响。不同的农村土地产权制度安排对城镇化与乡村振兴的融合发展会产生不同影响。

首先，在农村土地"两权分离"产权制度安排下，农村土地承包经营权的双重属性对城镇化与乡村振兴的融合发展产生不利影响。一方面，农村土地承包经营权的双重属性不仅造成了农村土地撂荒面积的增加，也导致了农村土地财产功能的实现困境，不利于农民财产性收入水平的提高，进而在一定程度上限制了主动城镇化水平的提高。另一方面，农村土地承包经营权双重属性在一定程度上限制了"人"和"钱"进入农村，进而影响到乡村的振兴发展。这也进一步倒逼农村土地的"三权分置"改革。

其次，在农村土地"三权分置"产权制度安排下，所有权、承包权与经营权的分置有效解决了农村土地"两权分离"产权制度安排下的承包经营权双重属性问题，进而能够有效促进城镇化与乡村振兴的融合发展。一方面，农村土地"三权分置"能够有效提高土地利用效率，并提高农民的土地财产性收入水平，进而带动主动城镇化水平的提高。另一方面，农村土地"三权分置"有利于促进农村外出能人返乡、城市人才下乡，并为社会资本进入农村提供了可行途径，这为乡村振兴发展起到了积极的促进作用。

综上所述，农村土地"三权分置"改革有利于促进城镇化与乡村振兴的融合发展。但该过程中还面临着诸多困境，这将在第六章中展开分析。

第六章

农村土地"三权分置"视角下城镇化与乡村振兴融合发展困境

在农村土地"两权分离"产权制度安排下，土地承包经营权的双重属性在一定程度上阻碍了城镇化与乡村振兴的融合发展。农村土地所有权、承包权和经营权的"三权分置"有效解决了"两权分离"产权制度安排下的土地承包经营权双重属性困境，有利于进一步推动城镇化与乡村振兴的融合发展。

如前面所述，在农村土地"三权分置"产权制度安排下，在落实集体所有权、稳定农户承包权基础上，通过放活土地经营权提高有意愿进入城市农民的货币资本是推进主动城镇化进程的关键所在。同样，针对当前农村人财物单向流向城市导致乡村发展受限的现状，放活土地经营权背景下引导人才下（回）乡和社会资本进入农村是实现乡村振兴的关键。因此，在农村土地"三权分置"产权制度安排下，放活土地经营权是城镇化与乡村振兴融合发展的核心。本章主要分为三节，第一节主要讨论一下农村土地"三权分置"与新型农业经营主体之间的关系，以及新型农业经营主体对城镇化与乡村振兴融合发展的影响以及所面临的发展困境。第二节在放活土地经营权能够有效引导农业PPP项目进入农村，并明确其对城镇化与乡村振兴融合发展影响的基础上，讨论村委会在农业PPP项目实施过程中所面临的困境。

第三节为小结,对本章内容进行总结。

第一节 农村土地"三权分置"与新型农业经营主体培育

早在20世纪90年代就有学者提出农村土地"三权分离""农村土地代营"等模式(田则林、余义之、杨世友,1990)。不同学者进一步从理论视角及实践层面角度对该制度模式进行总结分析。从理论研究角度来看,黄少安(1995)早就指出,在以农村土地产权"两权分离"为基础的家庭联产承包责任制中农民只在理论上获得农村土地承包经营权,但农民实际只获得经营权收益这一矛盾。后续的研究中有学者主张农村土地"三权分置"要重视产权制度、经营制度和农村土地流转制度法人安排(叶华,1998),也有学者将视角集中于产权与物权制度,明晰了"三权分置"的逻辑路径与权利框架(刘若江,2015;肖卫东、梁春梅,2016),还有学者从马克思主义政治经济学角度展开研究(刘若江,2015)。《关于完善农村土地所有权承包权经营权分置办法的意见》(2016)出台后,不同学者进一步从农村土地"三权分置"的研究背景、政策演变轨迹、权利内涵及法律属性等角度进行深入研究(张毅、张红、毕宝德,2017;胡震、朱小吉庆,2017),而农村土地"三权分置"实现的关键在于清晰界定三权的权利边界(杨继瑞、薛晓,2015)。

从农村土地"三权分置"的实践角度来看,20世纪90年代以来,福建、山东、河南、贵州等地都积极开展农村土地"三权分置"实践,还出台了一系列农村土地"三权分置"的相关文件(李长健、杨莲芳,2016)。不同地区在农村土地"三权分置"基础上,进一步讨论通过农村土地使用权入股(张曙光,2007)、土地经营权流转(李承政、顾海英、史清华,2015)、农村土地经营权抵押(高圣平,2016)等具体模式与路径来提高土地利用效率(姚洋,2000)。但农村土地"三权分置"的实施也面临合同违约、农村土地过度集中等风险（李长健、杨莲芳，2016）。

新型农业经营主体的研究也引起了诸多学者的关注。分工理论、产权理论、交易费用理论构成了新型农业经营主体发展的理论依据（陈思羽、邹宝玲，2016），并强调应该以"耕者有其田"为方向，以土地经营的适度规模为主旨，培育家庭农场、农民合作社、专业大户、农业龙头企业等新型农业经营主体（周定财、王亚星，2016；赵鲲、刘磊，2016；陈思羽、邹宝玲，2016）。此外，新型农业经营主体培育还面临土地分散流转意愿与土地集中连片需求间的矛盾（张海鹏、曲婷婷，2014）、融资渠道狭窄与农产品营销难（阚立娜、李录堂、薛凯文，2016；皮修平、周镕基，2015）、农业保险不完善（张照新、赵海，2013）、人才匮乏（王国敏、杨永清、王元聪，2014）等诸多问题。

已有文献对农村土地"三权分置"和新型农业经营主体展开了全面研究，但现有文献较少涉及农村土地"三权分置"视角下新型农业经营主体培育对城镇化与乡村振兴融合发展的研究。该视角下的分析主要包括以下几个方面：首先，在深入讨论农村土地所有权、承包权和经营权的内涵基础上，讨论农村土地"三权分置"与新型农业经营主体培育之间的关系，以及在此基础上新型农业经营主体培育对城镇化与乡村振兴融合发展的影响；其次，在农村土地"三权分置"背景下，分类讨论不同新型农业经营主体的优势，以土地经营权为切入点研究不同类型新型农业经营主体所面临的困境。

一、农村土地所有权、承包权、经营权与新型农业经营主体之间的关系

从本质上来讲，农村土地"两权分离"到"三权分置"的转变并不是简单的权利分解，体现着集体、农户和新型农业经营主体三者在农业生产经营中地位与功能的变革。农村土地所有权、承包权和经营权并非相互独立的权利，而是一个以集体、农户和新型农业经营主体三方关

系为基础的有机权利整体。有序推进农村土地"三权分置"下新型农业经营主体培育,落实集体所有权是前提,稳定农户承包权是基础,放活土地经营权是关键。

(一) 落实集体所有权

落实集体所有权是农村土地"三权分置"视角下新型农业经营主体培育的前提,落实集体所有权主要包括:①改变集体所有权主体虚置状态,积极落实集体所有权归属主体。《中华人民共和国土地管理法》(2020)第十一条中规定:农民集体所有土地由农村集体经济组织或者村委会经营、管理。二者之间的职能存在交叉,但实践中农村集体经济组织职能通常由村委会代为行使(邓蓉,2017)。《中华人民共和国民法总则》(2017)指出要赋予农村集体经济组织和村委会"特别法人"资格。2015年,中共中央办公厅、国务院办公厅印发的《深化农村改革综合性实施方案》中指出要探索剥离村党组织和村委会对土地资源的管理职能,实行"政经分开",完善村委会和农村集体经济组织运行机制。这对于落实农村土地集体所有权具有重要意义,但还需要更多法律层面的支持与实践中的经验。②在落实集体所有权归属主体基础上,健全集体所有权行使机制。包括依法发包、调整、监督和收回集体所有土地;土地经营权流转的备案、监督和纠错、土地征收补偿安置方案的讨论等。

(二) 稳定农户承包权

习近平总书记在党的十九大报告中明确提出:"保持土地承包关系稳定并长久不变,第二轮土地承包到期后再延长三十年。"[1] 稳定农户承包权是农村土地"三权分置"背景下新型农业经营主体培育的基础。

---

[1] 习近平:《决胜全面建成小康社会 夺取新时代中国特色社会主义伟大胜利——在中国共产党第十九次全国代表大会上的报告》,http://www.xinhuanet.com//politics/19cpcnc/2017-10/27/c_1121867529.htm。

一方面，稳定的农户承包权为农民提供最基本的生存保障。当进城农民无法继续在城市工作和生活时，土地承包权的长期稳定是维持他们生活的"最后一道防线"。另一方面，稳定的农户承包权有利于农民流转土地经营权，为适度的土地规模经营提供制度支持，有助于新型农业经营主体的培育。

（三）放活土地经营权

土地经营权是土地承包经营权的派生权利，是农村土地"三权分置"制度的创新所在，是培育新型农业经营主体的关键。一方面，放活土地经营权有助于土地流入更有效率的新型农业经营主体手中，采用先进的技术或经营模式，实现适度规模的集约化农业经营，提高土地利用效率。另一方面，放活土地经营权有助于提高就地城镇化水平。新型农业经营主体通过规模化经营土地，有利于以雇佣当地农民形式促使农民在当地就业，实现由"农民"向"农业工人"身份的转变，实现人口的主动城镇化。

（四）新型农业经营主体培育影响城镇化与乡村振兴融合发展的机制

农村土地"三权分置"有助于推动新型农业经营主体的培育与发展。那么，新型农业经营主体如何影响城镇化与乡村振兴的融合发展呢？正如前面所述，农村土地"三权分置"更多的是影响主动城镇化，即如何提高有意愿进入城市生活农民的收入水平，进而提高他们在城市的生活能力。因此，新型农业经营主体通过两方面影响城镇化与乡村振兴的融合发展。一方面，农民通过家庭农场（专业大户）、农民合作社以及农业企业等新型农业经营主体获得更多收入，提高了有意愿进入城市生活农民的生活能力。另一方面，在落实集体所有权和稳定农户承包权基础上，放活土地经营权将有利于推动新型农业经营主体的发展，为社会资本进入农村发展乡村经济提供制度支持，也将进一步带动农村能人回乡创业以及城市人才下乡支持乡村产业发展。综上所述，农村土地

"三权分置"对城镇化与乡村振兴融合发展的关键在于培育和发展新型农业经营主体，而新型农业经营主体培育所面临的困境就是城镇化与乡村振兴融合发展的阻碍因素。

二、放活土地经营权与新型农业经营主体培育困境

放活土地经营权是农村土地"三权分置"制度的重要目标，其本质是在更大范围内为资金进入农村土地经营提供渠道，解决农业经营资金短缺与效率不足问题，为新型农业经营主体培育提供制度支持。以放活土地经营权流转为起点，以培育新型农业主体为途径，最终形成一个从拓宽农业经营资金来源到提高经营资金使用效率的良性循环，如图6-1所示。

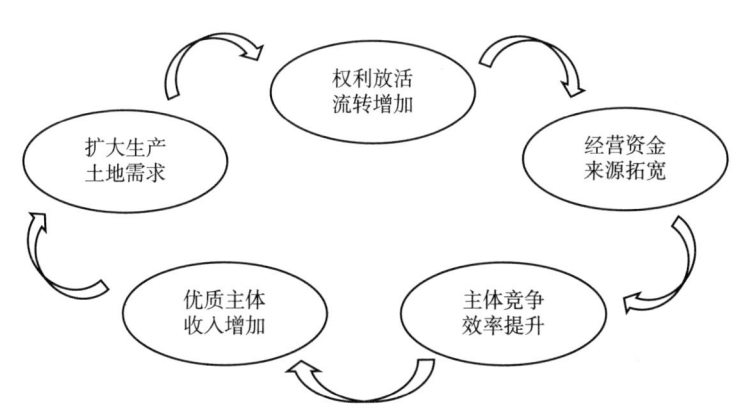

图6-1 土地经营权流转与新型农业经营主体培育的良性循环

首先，放活土地经营权为新型农业经营主体培育创造条件。放活土地经营权意味着更多新型农业经营主体进入农业经营领域，拓宽了农业经营的资金来源，这有助于解决当前广泛存在的农业经营资金不足的问题。其次，新型农业经营主体的进入打破了原有对农村土地经营主体的身份限制。新型农业主体间的竞争导致土地经营权流转到更有效率的经营主体手中，低效率的新型农业经营主体会逐渐退出土地经营权流转市

场。再次，优质的新型农业经营主体不断吸收更多的土地、农机、劳动等生产要素，进一步提升农村土地利用效率，增加农民收入。最后，优质的新型农业主体在追逐更多利润的动力驱使下，对土地面积有更高需求，这势必会增加土地经营权流转规模，提升土地经营权交易市场活跃度，最终促进更大规模、更广范围、更高效率的土地经营权放活程度。

落实集体所有权、稳定农户承包权和放活土地经营权是新型农业经营主体培育的前提、基础和关键。被赋予"特别法人"资格的农村集体经济组织和村委会对落实农村土地集体所有权具有重要的现实意义，农村集体经济组织和村委会依法享有民事权利和义务，有利于解决新型农业经营主体培育过程中出现的法律问题。稳定的农户承包权提高了土地经营权流转意愿，进一步促进土地流向新型农业经营主体手中。放活土地经营权是新型农业经营主体培育的关键，根据新型农业经营主体在农业经营领域的地位、生产形态、组织规模、经营模式等特征，将其划分为家庭农场（专业大户）、农民合作社、农业企业三大类。事实上，不同类型新型农业经营主体差别在于对"土地经营权"的控制能力。

（一）家庭农场（专业大户）的优势与困境

家庭农场是指以家庭成员为农场主要工作人员，通过规模化、集约化、商业化的农业生产经营取得收益的新型农业经营主体。专业大户概念与家庭农场相似，二者并无本质区别。近几年中央"一号文件"中都鼓励和支持农村土地向家庭农场（专业大户）流转。家庭农场是目前最适合中国发展现状的新型农业经营主体。2016年，由农业部和中国社会科学院共同编写的《中国家庭农场发展报告（2015年）》中的数据显示，全国已有超过87万户各类家庭农场，经营农村土地面积达到1.76亿亩，占全国承包耕地总面积的13.4%[①]。

[①] 农业部农村经济体制与经营管理司、中国社会科学院农村发展研究所：《中国家庭农场发展报告（2015年）》，中国社会科学出版社，2016年版。

1. 家庭农场的优势：物质层面与精神层面

从物质层面来看，家庭农场（专业大户）空间分布广泛，覆盖农业产品门类齐全，各地的家庭农场都呈现出区域特色，最适合作为分散土地经营权的初次"整合者"。吉林延边、上海松江、浙江宁波等地的家庭农场结合地方特色经营取得了出色成绩。其中，吉林延边利用"互联网+农业"的经营模式，从网站、微信、电商等渠道发展家庭农场产品的跨区域销售。上海松江则更注重家庭农场的股份化建设与配套规范，涌现出一批股权明晰的家庭农场，并有向农业企业发展的趋势。浙江宁波利用农业技术优势，建立1000多个标准化的家庭农场，实现农业生产的标准化经营。

从精神层面来看，家庭农场（专业大户）的核心劳动力大部分或全部来源于家庭成员，有广泛的宗族文化特征。家庭农场（专业大户）雇佣的家庭外成员往往来自同村或者同乡，这种雇员身份也体现着农民对"乡里乡亲"等乡邻文化的价值认同。因此，家庭农场这种主体形式更容易获得认可，在农村有更深厚的文化土壤。

2. 家庭农场的困境："吃不下"的经营权

农村土地"三权分置"背景下，家庭农场（专业大户）面临的挑战来自经营能力的限制，可形象地称为"吃不下"的经营权。以山东胶州某家庭农场为例，该家庭农场主王某凭借对玉米市场的了解，在5年时间内承包了4个自然村的5030亩土地，并于2012年正式注册为家庭农场。为实现多元化经营，王某于2013年将约六成土地种植玉米，同时从内蒙古地区引入优质土豆，在农场土地中规划出1500亩土地种植。但因对土豆市场趋势判断有误，农场亏损金额高达100万元[①]。

该农场所面临的问题并非个例，而是所有家庭农场扩大经营后要面临的共性问题。放活土地经营权有助于家庭农场土地经营面积的扩大，个体农户作为家庭农场的经营决策者，虽然其在生产经营领域有丰富经

---

① 任明杰：《占地面积逾5000亩 山东胶州农民办巨型家庭农场》，载《中国证券报》2013年2月21日。

验，但受限于文化水平、视野信息等问题，家庭农场主未必能够在扩大土地经营情形下依旧有能力处理经营事务、做出正确决策。

家庭农场以适度规模经营为特征，也在一定程度上解决了分散农户资金不足问题，有利于提高农业基础设施水平以及机械化程度，提高土地利用率。但"吃不下"的经营权困境使家庭农场在解决资金问题上能力有限。

（二）农民合作社的优势与困境

农民合作社是由生产同类或者相关农产品、提供同类或者相关农业生产服务的生产经营者自发组成形成的互助性组织。自2006年首批农民合作社获批成立以来，农民合作社一直是国家在农村重点培育的生产经营组织形式之一。在长期发展中，农民合作社起到了沟通政府、农户和市场三者之间桥梁和纽带的作用。

1. 农民合作社的优势：争取政策支持与降低交易成本

分散的农户在资源、信息、能力等方面存在限制，放活土地经营权有利于农民合作社土地经营面积的扩大，并进一步改变分散农户在获取政策支持与企业谈判中的弱势地位，农民合作社在地方政府、农户与市场之间起着重要作用。

一方面，农民合作社可争取更多的政策优惠与政策倾斜。2004年以来的中央一号文件通过三个渠道来解决农民合作社的资金短缺问题：安排专门资金、加大补贴倾斜力度与加大信贷支持力度（张连刚、支玲、谢彦明、张静，2016）。财政部国家农业综合开发办公室发布的《关于做好2017年国家农业综合开发产业化发展项目申报工作的通知》中规定，符合条件的农民合作社可以申请贴息贷款、财政补贴等方式获得资金支持，且单个贴息项目的最高额度可达500万元，能够有效解决农民合作社融资难的问题。

另一方面，分散农户的土地经营规模小，与外部市场打交道时处于劣势地位并面临较高的交易成本。农民合作社在农产品供求关系以及产业链环节都占有议价权优势，不仅能够降低交易成本，还能够增进农民合作社社员的经济绩效（王图展，2016；邓衡山、王文烂，2014）。进一步地，与不加入合作社人员相比，加入合作社的预期整体幸福感有大幅提高（刘同山，2017）。

2. 农民合作社的困境："分不清"的经营权

以土地入股的农民合作社面临着土地经营权界定模糊难题，即"分不清"的经营权。农村土地"三权分置"背景下承包权与经营权的分离削弱了社会资本参与农村合作社经营的意愿，不利于拓宽农民合作社的资金来源，阻碍农民合作社的长期发展。

首先，农村土地"两权分离"背景下，以土地承包经营权为基础入股农民合作社，并未体现土地经营权的经济价值。而土地承包权与经营权的分离，如何对经营权进行定价入股，成为农民合作社发展壮大中的突出问题。

其次，剩余控制权问题。当农民合作社经营过程中遇到合同规定之外的事项时，需要剩余控制权拥有方进行决策。"以地入股"的农民与以其他形式资产（如农机、资金）出资的农民的利益诉求可能不尽相同，"分不清"的经营权导致目前缺乏有效的剩余控制权分配机制来平衡各方利益。

最后，"分不清"的经营权困境也会加剧农民合作社的资金短缺问题，进一步阻碍农民合作社的发展，面临着与家庭农场同样的资金难题。

（三）农业企业的优势与困境

近几年，中央一号文件一直强调农业产业化龙头企业在实现现代化农业中地位与作用。农业供给侧改革的实现必然要以市场经济条件下的现代企业作为微观基础，农业企业是重要的新型农业经营主体类型。

1. 农业企业的优势：现代企业制度与促进就业

与农村土地"两权分离"相比，"三权分置"背景下土地经营权更容易流入农业企业手中。农业企业最大的优势在于其现代企业组织结构，农业企业作为独立的法人能够以土地经营权为基础进行融资与展开生产，强化了农村土地经营权的独立权利属性。

土地承包权与经营权的分离不仅有利于扩大农业企业规模,还能够增加农业企业的数量,这也必然为当地提供更多的就业机会。就业机会的增加使当地农民不必外出打工也能找到工作,缓解了周边城市的承载压力。农户由农民向农业工人身份的转变有利于就地城镇化的发展。

2. 农业企业的困境:"拿不到"的经营权

农业企业面临的困境可总结为"拿不到"的经营权,可从空间和时间两个维度来理解。

空间维度上的问题主要表现为地域性垄断。农业企业从事农、林、牧、副等相关生产活动,但这些生产活动都与土地的自然条件、资源分布密切相关。地域性垄断特征主要体现在以下两方面:其一,地方政府通过行政手段控制土地经营权,可能产生腐败行为而使农业企业"拿不到"土地经营权;其二,有经济实力的大型农业企业抢占先机获得土地经营权后,会试图组织新企业的进入形成经营垄断,缺乏竞争机制导致其他农业企业很难获得土地经营权。地域性垄断不利于农业生产效率的提高。

时间维度上的问题主要表现为企业融资难题。农业企业的融资难题也可能导致它们"拿不到"土地经营权。以基础设施建设为例,农村土地经营规模扩大不仅要求农业企业经营能力的提升,对基础设施也有更高要求。中小型企业居多的农业企业受制于自身筹资能力所限,往往很难在建设周期长、外部性大、短期收益不明显的基础设施方面投入充足资金。根据浙江省的调查,农业企业用于基础设施建设投入少于100万的占到了47.1%,而基建投入金额在300万以下的企业占比高达83.7%。这种基础设施建设资金的缺口状况在河南省同样存在,经营土地在50亩以下时,亩均投入约1086.84元,而当经营农村土地面积扩大到500亩时,生产投入费用则上涨到1402元,上涨幅度近30%,这种规模成本的递增主要原因就是基础设施投资的成倍增长[①]。

---

① 张雯:《统计局调研河南家庭农场:经营面积并非越大越好》,每经网,http://www.nbd.com.cn/articles/2014 - 09 - 16/863513. html。

第二节 农业 PPP 项目中的村委会职能定位困境

　　前面章节中多次强调，乡村振兴战略是在农业边缘化、农村空心化与农民老龄化背景下提出的，农村人财物单向流向城市是导致乡村发展落后的重要原因。习近平总书记在党的十九大报告中指出"构建现代农业产业体系、生产体系、经营体系，完善农业支持保护制度，发展多种形式适度规模经营，培育新型农业经营主体，健全农业社会化服务体系，实现小农户和现代农业发展有机衔接"[1]，这些是实现乡村振兴战略目标的重要路径。但实现这些目标的关键在于如何解决乡村振兴中的资金问题，在农村土地"三权分置"产权制度安排下，放活土地经营权为农业 PPP 项目的实施提供了制度支持，而农业 PPP 模式为解决乡村振兴中的资金问题提供了可行的途径。2017 年中央一号文件首次明确推广 PPP 模式，鼓励建立地方农业农村发展投资基金，并积极参与农业农村建设。据财政部政府与社会资本合作中心数据显示，截至 2017 年 9 月末，全国入库的 PPP 项目总量为 14220 个，项目总金额为 17.78 万亿元。其中农业领域 PPP 项目数量为 157 个，占比仅为 1.1%[2]，这表明我国农业 PPP 模式尚在起步阶段，有长足的发展空间。

　　国内学者对农业 PPP 模式的关注由来已久，主要包括 PPP 模式理论层面的探讨和实践层面的经验总结。理论层面的研究包括：①农业 PPP 模式的重要性与可行性。农村基础设施的公益性与外部性特征使其建设不能通过市场化途径来完成，而农村基础设施建设的 PPP 融资方式

---

[1]　习近平：《决胜全面建成小康社会 夺取新时代中国特色社会主义伟大胜利——在中国共产党第十九次全国代表大会上的报告》，http：//www.xinhuanet.com//politics/19cpcnc/2017 - 10/27/c_ 1121867529. htm。

[2]　董碧娟：《PPP 落地速度加快 环保养老受资本青睐》，载《经济日报》2017 年 10 月 31 日。

能够拓宽企业投资渠道，改善农民生活条件，减轻政府投资压力（胡静林、周法兴，2006），并提高公共服务质量（高连和，2008）。进一步地，政策环境支持、资金来源充足、农村基础设施需求市场巨大以及实践经验丰富都为开展农业PPP模式提供了广阔市场（肖海翔，2007）。②农业PPP模式实施过程中存在的困境。农村基础设施的PPP融资方式面临机制不健全、融资模式不明（高连和，2008），投资周期长与利润低并存、参与主体准入门槛模糊、相关政策不确定等难题（张学昌，2016）。此外，农村基础设施的区域性特征也导致私人投资意愿不强（贾康、孙洁，2006）。③完善PPP模式路径与对策研究。政策工具的综合运用和优化组合是农业PPP模式有效推行的重要前提（王春福，2008），防范与分担风险（熊超男、孟禹彤，2016）、明确市场准入门槛以及提供有效政策供给等有助于PPP项目的顺利实施（张学昌，2016）。

农业PPP模式在实践中也积累了宝贵经验，包括以下几个方面：①农村社会保障。智利养老保险的PPP模式为我国农村养老保险制度的构建提供了可行路径，即建立由政府与农民缴纳保费，社会资本运作资金并支付养老金的新型养老保险制度（尚长风，2006）。江苏省江阴市将PPP模式引入新型农村合作医疗能够有效实现农村社会保障的可持续性发展（雷玉琼、贺丽平，2010）。②农村公共物品。引导社会资本参与农村饮用水安全PPP项目，有利于保障水质、完善技术、解决资金难题（黄拥政、彭程甸、祝子丽，2017）。农业PPP模式不仅可应用于农村公共文化产品及服务领域，推动文化产业发展与新农村建设（李艳芳、赵玮，2012），而且还能在农村高职教育领域发力，培养农村产业融合方面的高素质人才（熊惠平，2017）。③农村土地整治与综合开发。土地整治项目回报率高，是农业PPP模式应用的重点领域，通过激励与反向约束方式能够最大限度地促进土地整治PPP项目的开展（陈慧、安春晓、付光辉、刘友兆、冯佳佳，2017）。同时，农业综合项目开发也可引入PPP模式，但需要设计合理的风险分担机制与应对措施（熊超男、孟禹彤 2016）。此外，海南国际旅游岛的案例说明，新农村城镇化 PPP 模式前景广阔，有条件的地区可以利用该模式打造特色小镇与美丽新农村，进一步推动新农村与新型城镇化建设（上官健，2016）。

国家相关部门及地方政府颁发的文件为地方农业 PPP 项目的实施提供了法律支持。2014 年以来，国务院、农业部、国家发改委、财政部以及浙江省政府办公厅都出台文件鼓励地方积极开展农业 PPP 项目，并逐步完善农业 PPP 项目实施的细则（见表 6－1）。

表 6－1　　　　　　　　农业 PPP 模式相关文件

发布时间	发文单位	文件名	重点内容
2014 年 5 月	浙江省政府办公厅	《浙江省人民政府办公厅关于鼓励投资发展现代农业的意见》	鼓励工商等资本经营现代农业，重点在现代种业、农业特色产业、农产品精深加工业、农产品流通业、休闲观光农业、农业服务业、智慧农业七大领域发力，并在财政、税收、用地、金融信贷、规费五个方面给予政策优惠
2015 年 8 月	国务院办公厅	《国务院办公厅关于加快转变农业发展方式的意见》	鼓励各类新型农业经营主体参与高标准农田建设，遵循"谁受益，谁管护"原则；开展政府购买农业公益性服务试点，推进适度农业规模经营
2015 年 8 月	农业部乡镇企业局	《关于积极开发农业多种功能大力促进休闲农业发展的通知》	鼓励社会资本参与休闲农业发展，引导建立农民参与、建立利益共享机制，农民可通过入股方式与企业合作，取得资本性收益
2016 年 1 月	国务院办公厅	《关于推进农村一二三产业融合发展的指导意见》	优化农村市场环境，鼓励各类社会资本投向农业农村，发展适合企业化经营的现代种养业，利用农村"四荒"（荒山、荒沟、荒丘、荒滩）资源发展多种经营，开展农业环境治理、农田水利建设和生态修复

续表

发布时间	发文单位	文件名	重点内容
2016年12月	国家发展改革委与农业部	《国家发展改革委、农业部关于推进农业领域政府和社会资本合作的指导意见》	明确了农业PPP重点领域与路径、项目管理、组织保障,指出加快农村集体产权制度改革,对重大农业基础设施建设进行确权,政府投资形成的资产归农村集体经济组织成员集体所有,社会资本投资的资产归投资者所有。建立健全农村产权流转交易市场,引导农村土地、集体资产及农业设施等产权规范流转交易。开展经营性集体资产折股量化到户试点,探索农村基础设施集体所有和发展股份合作经营的有效实现形式
2016年12月	中共中央国务院	《中共中央国务院关于深入推进农业供给侧结构性改革加快培育农业农村发展新动能的若干意见》	推广政府和社会资本在农业领域合作,实行金融配套措施与担保机制,拓宽农业农村基础设施建设投融资渠道,支持社会资本以特许经营、参股控股等方式参与农林水利、农垦等项目建设运营。鼓励设立农业农村发展投资基金
2017年2月	国务院办公厅	《国务院办公厅关于创新农村基础设施投融资体制机制的指导意见》	政府主导、社会参与。明确农村公共产品定位,纯公共性农村基础设施建设应以政府投入为主,社会资本与农民参与;对准经营性基础设施建设,以政府和社会资本投入为主,引导农民投入;对经营性基础设施建设,以企业投入为主,政府进行补贴
2017年5月	财政部、农业部	《关于深入推进农业领域政府和社会资本合作的实施意见》	引导和鼓励社会资本参与六大领域包括农业绿色发展、高标准农田建设、现代农业产业园、田园综合体、农产品物流与交易平台、"互联网+"现代农业

已有文献对农业PPP项目展开了全面深入的研究,但以往学者的研究可能忽略了以下几点问题。首先,农业PPP项目是促进城镇化与乡村振兴融合发展的重要推动力。一方面,农业PPP有力推动了乡村产业的

振兴发展，为实现乡村振兴战略目标提供了坚实的基础。另一方面，农业PPP项目在带动乡村产业发展的同时，也在一定程度上提高了农民的收入水平，有利于提高农民进入城市生活的意愿和能力，进而带动主动城镇化水平的提高。其次，农业PPP项目更多与农村土地产权制度安排密切相关。2017年5月，财政部和农业部联合发布的《关于深入推进农业领域政府和社会资本合作的实施意见》中明确指出了农业领域社会资本与政府合作的六大领域，包括农业绿色发展、高标准农田建设、现代农业产业园、田园综合体、农产品物流与交易平台和"互联网+"现代农业。农业PPP作为重要的社会资本，农村土地"三权分置"产权制度下放活土地经营权为PPP进入农业领域提供了制度支持。最后，现有农业PPP项目研究主要从政府与社会资本角度展开分析，而忽略了村委会在农业PPP项目中的重要作用。村委会作为农村基层自治组织，除管理村内人民调节、治安保卫、公共卫生与计划生育等工作外，还可以依法"管理本村属于村农民集体所有的土地和其他财产"。《中华人民共和国民法总则》中进一步赋予村委会"特别法人"资格，并指出"未设立村集体经济组织的，村民委员会可以依法代行村集体经济组织的职能"，这也意味着村委会在农业PPP项目开展过程中将扮演重要角色。

综上所述，农业PPP项目会在一定程度上影响城镇化与乡村振兴的融合发展。那么，厘清农业PPP项目发展困境以及提出针对性的政策建议对城镇化与乡村振兴的融合发展至关重要。本节主要从"特别法人"村委会在农业PPP项目中的角色定位角度展开分析。首先将农业PPP项目的运行过程划分为项目前期和项目后期，讨论村委会在项目前期和后期的不同职能，并进一步通过案例讨论村委会在项目前期和后期发挥职能中存在的困境，为提出具有针对性的政策建议提供依据。

一、特别法人视角下的村委会职能：双向代理人与管理集体资产

村委会在地方政府、社会资本、农户间起着枢纽作用。将农业PPP

项目运行过程划分为两个时期：一是项目前期，即项目准备、项目招标及项目融资阶段。二是项目后期，即项目建造施工、运营维护与移交后运营阶段。具有"特别法人"资格的村委会是独立的民事主体，在农业PPP项目的前期和后期阶段的职能存在差异。

（一）农业PPP项目前期中的村委会职能：作为双向代理人参与民事活动

在农业PPP项目前期，地方政府根据公共服务建设需要向财政部门递交推荐项目材料或由社会资本方以项目建议书形式申请，相关部门对申请项目进行筛选后确定开发计划，政府进行项目采购，确定中标企业。农业PPP项目基本都涉及农业用地问题，此时村委会作为特别法人充当"双向代理人"职能：一是作为农民的代理人与上级政府或者社会资本方谈判；二是作为上级政府或者社会资本方的代理人与农民进行沟通。

村委会的双向代理人职能体现在所从事的民事活动中：①项目谈判。村委会就政府补贴、土地流转面积、租金、承包经营年限、项目成本、农户雇佣数量、土地流出方项目参与方式、股息红利分配等与上级政府或者社会资本方谈判，并进一步对农民进行动员、协调、组织，确保PPP项目的顺利实施。②签订合同。在社会资本方与农民无异议的情况下，村委会代表农民与社会资本方签订土地流转合同，明确各方民事权益与民事义务。对项目运营过程中的企业经营决策进行监督，确保社会资本方按照合同约定内容提供公共服务，做到有效沟通、合理评估、精准调整。

（二）农业PPP项目后期中的村委会职能：经营管理PPP项目形成的集体资产

农村集体资产包括土地、森林、山岭等资源性资产、村集体参与市场经营或取得投资收益所形成的经营性资产以及为集体成员或社区居民提供公共服务的非经营性资产。农业PPP项目建成后会产生土地租金、股利分红等经营性资产和提供公共服务的非经营性资产。

对于经营性集体资产而言,《关于推进农业领域政府和社会资本合作的指导意见》中指出要"开展经营性集体资产折股量化到户试点,探索农村基础设施集体所有和发展股份合作经营的有效实现形式"。在实践中,作为独立法人的村委会通常代行农村集体经济组织的管理职能。一方面,村委会负责开展经营集体资产的折股量化工作,作为主体开展清产核资工作、明确成员资格、落实折股量化;另一方面,村委会负责管理经营性资产收益分配,将收益真正分配到农民手中,保障各成员集体经营性资产股份权利。

对于非经营性集体资产而言,教育、文化、卫生、体育等方面的农业PPP项目建成后形成非经营性集体资产。村委会是开展农村公共事务的主体,也是PPP项目受益者。按照"谁受益,谁管护"原则,项目移交或企业承包年限到期后,应由村委会依法对PPP项目形成的集体非经营性资产进行管护。村委会在项目后期参与资产评估与性能评测过程,确保法律过户和管理权移交手续完善,建立统一的非经营性集体资产运行管护机制,为农民提供优质的公共服务。

二、村委会职能实现的现实困境:来自案例的讨论

农业PPP项目的实施有利于改变农业投资的效率与收益,加快农业现代化建设,但这些目标的实现都受到村委会在农业PPP项目前期和后期中能否有效发挥职能的影响。在实践中,村委会的双向代理人职能与经营管理PPP项目形成的集体资产职能也会受到外界因素的影响,村委会职能的发挥面临来自现实的困境。

(一)村委会双向代理人职能实现的现实困境

1. 熟人社会与政商联盟对村委会的双向压迫

2013年11月,安徽省C市S村村委会与某企业初步达成500亩土地流转意向,但其中一位农民声称自己已经将土地转包给非企业流转范

围内农民 W。该农民 W 与企业协商过程中大幅提高土地承包价格，双方就土地承包价格并未达成一致，企业与村委会多次沟通出面协商无果。事实上，农民 W 与村支书是亲属关系，并提前就抬高土地承包价格一事进行过沟通。最后，乡镇政府出面施压才促使土地顺利流转。

上述案例中村委会的双向代理人职能受到两个因素影响：①熟人社会影响。村委会班子成员都来自本村内部，与农民处于一个熟人社会中。我国乡土社会人际交往遵循情面原则、不走极端原则、歧视外人原则、乡情原则，上述案例中所提到的农民 W 和村支书之间的行为是熟人社会人际交往原则的一种体现。②政商联盟影响。地方（乡镇）政府与社会资本联盟的逻辑在于社会资本追逐土地本身所承载的价值洼地效应，以及地方政府追求更大的政绩工程之间的相互借力。村委会在农民与地方政府或者社会资本之间更容易成为矛盾冲突的焦点，阻碍村委会双向代理人职能的有效发挥。

2. 高交易成本

2010 年 10 月，安徽省 H 农资公司与 C 市 B 村村委会签订 2.2 万亩土地流转合同。因 B 村农民在承包期第二年就大幅提高土地承包价格，截至 2017 年仍有 6000 亩土地尚未流转，村委会与双方多次协调、企业采取多种方式均未能解决此事，双方僵持 7 年之久。

该案例中的企业通过协商、仲裁等方式均无效。如果企业提起诉讼，签订合同的村委会并不具备法人资格，企业只能通过对上级乡镇政府提起诉讼，再由乡镇政府追责的方式维护权益，但这明显加大了执行成本。即使当前具备特别法人资格的村委会能够直接被起诉，村委会与多个农民之间的沟通协调的交易成本同样较高，造成土地流转合同的效率低下。

在上述两个案例中，村委会双向代理人职能的实现面临着熟人社会与政商联盟、高交易成本等困境。进一步地，社会对村委会特别法人资格的认知与落实存在时滞。在强权的上级政府与资本雄厚的企业背景下，农业 PPP 项目中的村委会特别法人的民事权利无法保证有效行使，且在短期内很难得到解决。此外，村委会内部权利结构单一，可能会发生村主任或者村书记"一言独大"现象的发生,不利于农民权益的保护。

(二)村委会管理集体资产职能中的困境:民事主体地位与集体资产产权角度

1. 村委会民事主体地位较弱

在农业 PPP 项目的后期阶段,涉及土地丈量、项目建设以及项目验收等过程,地方政府和社会资本主导上述各个过程,村委会参与度很低。以重庆市地票复垦土地为例,村委会仅参与项目申请与签订合同部分,土地勘测、施工、核实环节则委托给区县土地整治中心所招标的工程监理与测绘审查机构,村委会并未参与上述过程。村委会职能缺位会导致农民意愿得不到有效表达、权益保障不到位情况的发生,这都是村委会民事主体地位弱化的突出表现。

2016 年 11 月,国土资源部发布的《产业用地政策实施工作指引》中指出允许"农村集体经济组织以土地使用权入股、联营等方式与其他单位、个人共同举办企业的方式使用土地"。在农业 PPP 项目中,在没有集体经济组织的前提下,村委会可代行农村集体经济组织以土地使用权入股,此时 PPP 项目中集村委会、地方政府和社会资本三方资本,有利于提升村委会的民事主体地位,但同时也面临两个问题:一是村委会以土地使用权入股如何进行资产估值、股权量化;二是村委会、地方政府和社会资本之间的股权划分,以及三者之间就项目运行决策的协调等。

2. 集体资产产权角度

2016 年,湖南省资兴市 C 镇 F 村成立集体资产股份合作社,由村委会管理股份合作社,集体资产折股量化到个体农民,农民社员的话语权不断提高。F 村集体收益来自公益林的国家补贴和物业租金,2017 年的全体社员代表大会上,社员投票表决将每年合作社收益用于成员分红的比例从 70% 提升到 90%,这意味着用于村集体公共服务与公益事业的部分只剩下 10%。

F村村委会管理集体资产中面临着以下困境：首先，集体产权制度改革使农民转变为社员，集体收益分配更加民主。但股民主导下收益分配在一定程度上阻碍了乡村公共事业的发展。其次，村委会在农业PPP项目中的经营性与非经营性集体资产中对应着保障农民股权收益与公共设施管护两项职能，村委会如何在两类资产中发挥职能是目前推行农业PPP模式一大难题。再次，农民集体成员权资格是农民获得集体收益的前提，农民集体成员权资格界定在理论上存在以户籍、以是否依赖本集体经济组织的土地为生活来源以及是否享有本集体经济组织的土地承包经营权三种方式。在司法实践中，农村集体经济组织成员权的界定存在诸多困难，如未迁出户口的外嫁女是否具有成员权资格等（张广辉，2013）。最后，政府主导下社会资本对农业领域的投资是村委会（农民）在PPP项目获利的根本原因，而非真正意义上村委会作为独立民事主体从事经营活动所得。村委会在保证农业PPP项目所形成的非经营性资产更好服务农业农民时，还应该积极探索不同模式的集体经济。

第三节 小　　结

农村土地"三权分置"产权制度有效解决了"两权分离"产权制度安排对城镇化与乡村振兴融合发展的不利影响。在落实集体所有权和稳定农户承包权基础上，放活土地经营权能够为城镇化与乡村振兴的融合发展提供有力支持，但该过程中也面临着诸多困境。

首先，放活土地经营权有利于推动新型农业经营主体的培育与发展，但该过程中面临诸多难题。新型农业经营主体通过两方面影响城镇化与乡村振兴的融合发展。一方面，农民通过家庭农场（专业大户）、农民合作社以及农业企业等新型农业经营主体获得更多收入，提高了有意愿进入城市生活农民的生活能力。另一方面，在落实集体所有权和稳定农户承包权基础上，放活土地经营权将有利于推动新型农业经营主体的发展，为社会资本进入农村发展乡村经济提供制度支持，也将进一步带动农村能人回乡创业以及城市人才下乡支持乡村产业发展。但不同类型的新型农业经营主体在发挥各自优势的同时，也面临着诸多困境。具体而言：①家庭农场（专业大户）具有物质层面和精神层面上的优势，但同时也面临着"吃不下"的经营权困境。②农民合作社的优势在于能够争取政策支持与降低交易成本，而"分不清"的经营权是他们发展过程中所面临的主要难题。③农业企业的优势体现在现代企业制度与促进就业方面，困境主要体现在"拿不到"的经营权上。新型农业经营主体的发展困境在很大程度上阻碍了城镇化与乡村振兴的融合发展。

其次，资金匮乏是乡村振兴发展中面临的重要瓶颈，农村土地"三权分置"产权制度下的放活土地经营权有助于推进农业PPP项目的顺利实施，并有力解决上述难题。进一步地，农业PPP项目是促进城镇化与乡村振兴融合发展的重要推动力。一方面，农村土地"三权分置"产权制度下放活土地经营权为PPP进入农业领域提供了制度支持。农业PPP有力推动了乡村产业的振兴发展，为实现乡村振兴战略目标提供了坚实的基础。另一方面，农业PPP项目在带动乡村产业发展的同时，也在一定程度上提高了农民的收入水平，有利于提高农民进入城市生活的意愿和能力，进而带动主动城镇化水平的提高。此外，已有农业PPP项目研究主要从政府与社会资本角度展开分析，而忽略了村委会在农业PPP项目中的重要作用。本章讨论了村委会在农业PPP项目前期和后期的不同职能，并进一步通过案例讨论村委会在项目前期和后期发挥职能中存在的困境。这些困境也在不同程度上影响城镇化与乡村振兴的融合发展。

如何破解农村土地"三权分置"产权制度安排下新型农业经营主体发展困境与农业PPP项目发展难题，这将在很大程度上影响城镇化与乡村振兴的融合发展。

第七章

农村土地"三权分置"促进城镇化与乡村振兴融合发展的实现路径

正如第五章和第六章中所提到的,在农村土地"两权分离"产权制度安排下,承包经营权的成员权与用益物权的双重属性在一定程度上阻碍了城镇化与乡村振兴的融合发展,这也进一步倒逼农村土地"三权分置"的改革,为深入推动城镇化与乡村振兴的融合发展提供制度支持。在农村土地"三权分置"改革在推动城镇化与乡村振兴融合发展过程中依然面临诸多现实困难,正如第五章中所提到,在落实集体所有权和稳定农户承包经营权基础上的放活土地经营权有力推动了新型农业经营主体的发展,并带动城镇化和乡村振兴的融合发展,但不同类型的新型农业经营主体也面临着"吃不下"的经营权、"分不清"的经营权和"拿不到"的经营权等困难。此外,放活土地经营权为乡村振兴发展过程中资金匮乏提供了解决渠道,即通过农业PPP项目为乡村振兴发展提供资金支持,也有利于进一步推动城镇化与乡村振兴的融合发展。同样,在农业PPP项目的实施过程中也面临着村委会"特别法人"角色定位的困境。如何解决农村土地"三权分置"产权制度安排下上述影响城镇化与乡村振兴融合发展的诸多困境是本章所要重点关注的内容。

本章主要包括以下三节内容:第一节主要讨论农村土地"三权分

置"产权制度安排下不同类型新型农业经营主体发展所面临诸多困难的解决对策;第二节讨论农业 PPP 项目中村委会角色定位困境的破解之道;第三节为小结,对本章的研究内容做总结。

第一节 不同类型新型农业经营主体培育路径研究

如第六章中所提到的,不同类型的新型农业经营主体面临着"吃不下"的经营权、"分不清"的经营权和"拿不到"的经营权困境,这些困境可归结为人才、资金与制度三个方面的问题,要解决新型农业经营主体的困境,也要从这三个方面入手提出解决对策。

一、人才方面——推进新型职业农民培训

放活土地经营权、培育新型农业经营主体,势必需要培养一批有经验、懂生产、会经营的职业农民作为农村土地经营的主力。近年来,一系列中央一号文件以及国家相关部委都出台相关政策积极鼓励和支持培育职业农民,如表 7-1 所示。

表 7-1   培育新型职业农民相关文件

发布时间	发文单位	文件名	重点内容
2011 年 12 月	中共中央国务院	《中共中央国务院关于加快推进农业科技创新持续增强农产品供给保障能力的若干意见》	大力培育新型职业农民,对未升学的农村初高中毕业生免费提供农业技能培训,对符合条件的农村青年务农创业和农民工返乡创业项目给予补助和贷款支持

续表

发布时间	发文单位	文件名	重点内容
2014年1月	中共中央国务院	《关于全面深化农村改革加快推进农业现代化的若干意见》	扶持发展新型农业经营主体。加大对新型职业农民和新型农业经营主体领办人的教育培训力度
2015年2月	中共中央国务院	《中共中央国务院关于加大改革创新力度加快农业现代化建设的若干意见》	积极发展农业职业教育，大力培养新型职业农民
2016年1月	中共中央国务院	《中共中央国务院关于落实发展新理念加快农业现代化实现全面小康目标的若干意见》	加快培育新型职业农民。包括职业农民教育培训体系的建设、引导返乡农民工等不同类型群体加入职业农民队伍，加大职业农民培训的财政支持力度以及探索职业农民养老保险办法等诸多方面
2016年12月	中共中央国务院	《中共中央国务院关于深入推进农业供给侧结构性改革加快培育农业农村发展新动能的若干意见》	重点围绕新型职业农民培育、农民工职业技能提升，整合各渠道培训资金资源，建立政府主导、部门协作、统筹安排、产业带动的培训机制。探索政府购买服务等办法，发挥企业培训主体作用，提高农民工技能培训针对性和实效性。优化农业从业者结构，深入推进现代青年农场主、林场主培养计划和新型农业经营主体带头人轮训计划，探索培育农业职业经理人，培养适应现代农业发展需要的新农民。鼓励高等学校、职业院校开设乡村规划建设、乡村住宅设计等相关专业和课程，培养一批专业人才，扶持一批乡村工匠
2017年1月	农业部	《"十三五"全国新型职业农民培育发展规划》	该规划的主要任务包括：选准对象、分类施策，提高新型职业农民培育的针对性；创新机制、多措并举，增强新型职业农民培育的有效性；规范认定、科学管理，加强新型职业农民培育的规范性；跟踪服务、定向扶持，提升新型职业农民的发展能力；巩固基础、改善条件，提升新型职业农民培育的保障能力等

续表

发布时间	发文单位	文件名	重点内容
2018年1月	中共中央国务院	《中共中央国务院关于实施乡村振兴战略的意见》	大力培育新型职业农民。全面建立职业农民制度，完善配套政策体系。实施新型职业农民培育工程。支持新型职业农民通过弹性学制参加中高等农业职业教育。创新培训机制，支持农民专业合作社、专业技术协会、龙头企业等主体承担培训。引导符合条件的新型职业农民参加城镇职工养老、医疗等社会保障制度。鼓励各地开展职业农民职称评定试点
2019年1月	中共中央国务院	《关于坚持农业农村优先发展做好"三农"工作的若干意见》	培养懂农业、爱农村、爱农民的"三农"工作队伍。实施新型职业农民培育工程

从一系列关于新型职业农民培育的政策文件来看，国家对新型职业农民的培育是一个逐步深入的过程。从2012~2015年的中央一号文件中不难看出，这几年对新型职业农民的培育多为一些分散的政策，缺乏培育体系的系统性构建。从2016年以来的中央一号文件以及相关政策来看，已经逐步建立起具有系统性和完备性的新型职业农民培训体系，为进一步带动新型农业经营主体的稳步发展提供了人才支持。因此，结合上述中央一号文件以及农业部印发的《"十三五"全国新型职业农民培育发展规划》等一系列新型职业农民培育的政策文件，这些都为培育新型职业农民指明了方向。在这些文件的基础上，需要对现有新型职业农民培训加以整合和优化，构建一套完备的、系统的、流程化的职业农民培训体系。

首先，整合分散的新型职业农民教育资源，建立体系化的新型职业农民学校。原有的新型职业农民培训以专家讲座、短期培训班为主，规模较小、系统分散，很难让农民获得体系完备的现代化经营知识。因此，建议将短期的培训班加以整合，建立有专门场地、专职授课人员、专业教材的培训学校，提升新型职业农民培养质量。

其次，加强现代经营管理能力的培育。以往新型职业农民培训更多地偏重于农业技术层面，为更好地适应放活经营权的需求，应在培训中加入企业管理、市场营销、农业经济学等与农村土地经营管理相关课程，培育新型职业农民的经营管理能力。

最后，建立新型职业农民认证与激励体系。要将"农民"这一称谓从身份定位回归到职业称谓，就必须建立新型职业农民的认证体系。从知识技能、生产经验、管理能力多个维度对农民进行培训与考核，对符合资质的职业农民统一注册、颁发证书。此外，对新型职业农民在承包经营土地、开展农业项目、申请助农贷款等方面给予优惠，以激发成为职业农民的意愿。

二、资金方面——引入 PPP 模式

2016 年，国家发展改革委联合农业部发布的《关于推进农业领域政府和社会资本合作的指导意见》提出大力推进农业领域政府和社会资本合作（即 PPP），这是农业领域首个 PPP 指导性文件。2017 年中央一号文件也将农业 PPP 作为解决农业生产经营资金问题的重要举措。2017 年 5 月 31 日，财政部、农业部联合发布的《财政部 农业部关于深入推进农业领域政府和社会资本合作的实施意见》中进一步明确了 PPP 实施的重点领域。PPP 模式能够有效解决不同类型新型农业经营主体的资金短缺与资金使用效率问题。

首先，解决资金短缺困境。正如第六章中提到的，家庭农场、农民合作社与农民企业等不同类型的新型农业经营主体都在不同程度上面临着资金短缺困境，PPP 模式的引入能够有效解决资金短缺问题，进一步加快培育新型农业经营主体。

其次，提高资金使用效率。PPP 模式会提高投资项目的可行性、盈利性与可监管性要求，最大限度地降低资金投入上的道德风险与逆向选择，提高资金使用效率。通过合理方式将社会资本以参股或者以直接认购经营权形式加入新型农业经营主体当中，专注投资与农业基础设施建

设领域，解决新型农业经营主体的资金问题。

此外，正如第五章中提到的，农业 PPP 项目实施过程中面临着村委会"特别法人"角色定位困境，这将在本章第二节中进行分析。

三、制度方面——土地经营权流转标准化

针对目前土地产权分割模糊、流转不畅问题，必须建立灵活的、信息完全的土地经营权交易市场来解决上述问题，而构建土地经营权流转标准化是关键步骤。

首先，建立完善的土地经营权估值体系。联合相关部门以土地位置、土地面积、经营用途、适应作物、承包期限、基础设施等为维度，建立一套完整的农村土地质量评价体系，对农村土地进行专业估价。

其次，设计公开透明的土地经营权交易机制。对土地进行标准化评分后，以评分划分农村土地等级，每一等级设立相应经营权出让底价，并向市场公开。按照标准指导价格在土地经营权市场上进行交易。在条件成熟时引入拍卖机制，最大限度地公开竞争提升土地经营权流转效率。

最后，加强土地经营权信息跨地域流动。为打破原有土地经营权流转中的地方保护，建立以省级为单位的土地经营权信息数据库，将农村土地经营主体、经营盈亏、经营用途等信息统一录入，并使在同一系统中的用户可见。由此可以使非本区域的优质经营主体获取信息，进入本区的农村土地经营市场，进一步提升土地经营权流转效率。

第二节 农业 PPP 项目中的村委会职能的角色定位

农业 PPP 项目涉及地方政府、社会资本和村委会（农民）等不同参与主体，已有研究主要从地方政府和社会角度对农民 PPP 项目展开研

究，而忽略了对具有特别法人资格的村委会的研究。第六章中通过案例讨论了村委会职能发挥所面临的困境。那么，如何让村委会在项目前期和后期更好地发挥自身职能呢？

一、项目前期：提高村委会参与度与强化村委会特别法人权利和义务

村委会在农业 PPP 项目中的双向代理人职能受到来自农民、上级政府和社会资本等不同方面的压力，改变村委会当前困境的重要途径之一就是利用自身优势加强项目参与度，强化村委会特别法人的权力行使与义务履行，这不仅有利于村委会更好地参与项目管理，还能更好地保障农民的权益。

农业 PPP 项目在给农业农民带来好处的同时，项目本身也承载着诸多风险因素，这意味着农业 PPP 项目的实施必须要进行充分的可行性论证。村委会作为基层组织和农民代表更了解当地情况和农民意愿，村委会参与可行性论证，特别是对农业农民影响方面的论证有利于更好地评价农业 PPP 项目。

除了关注农业 PPP 项目中诸如项目规模、特许经营时间、收益、技术可靠性、最低资本金等方面外，还应该关注对农业发展、农民生活水平、环境等方面的影响，村委会应积极协助制定评估依据，参与项目打分环节，具体内容如表 7-2 所示。

表 7-2　　　　　农业 PPP 项目中村委会相关评标要素情况

评标要素	评标依据	评标层次	
		次优层次	较优层次
农业发展	实现农业现代化程度	增加基础设施与服务供给	改善农业基础设施与服务水平，带动新型农业经营主体发展，提高农业现代化水平

续表

评标要素	评标依据	评标层次	
		次优层次	较优层次
农民生活水平	农民安置、就业、收入情况	承包期内支付农民地租，完善农民生活区内基础设施	以雇佣失地农民为投标内容带动农民就业、引入保险公司保障农民权益、存在第三方机构进行履约担保
企业农业生产资质	农业生产技术、设备、经验	有从事农业生产意愿，有一定基础设施建设经验的企业投标	选择有丰富农业生产经验甚至是当地农业企业组成联合体投标，有长远履约观念，资本金充足的企业。机械化水平、设施维护水平较高的企业
环境影响	农村土地整治情况、环境污染情况	土地整治情况良好，环境污染小	土地整治后实现土地资源较高配置，投标企业取得林业资源保护、环保许可证、良好的节能减排评价与后勤保障条件

在项目合同签订阶段，村委会应参与合同的制定与担保文件、土地使用权证书、保险合同、信托协议、工程采购和施工等合同的审核环节。如要求特许经营权协议中包含对其与农民的权益保障内容，在项目运营期间对农村生态环境破坏时，责任方应向村集体的代理人村委会履行赔偿责任。合同中应存在完备的租金支付、就业安置等内容。

二、项目后期：完善集体资产管理机制

首先，将农业PPP项目划分为公益性与经营性两类。对于公益性农业PPP项目，地方政府给予公益性项目补贴，村委会管理农业PPP项目形成的集体非经营性资产。对于经营性农业PPP项目，由农村集体经济组织或者集体成员参与的农业合作社管理与分配形成的经营性集体资产。这就形成了成员股份收益分配与非经营性资产管护职能的分离。

其次，村委会可就项目收益与所形成集体资产向偿付能力较高的保险公司投保，在项目盈利情况较差时保证一定程度的损失补偿，或者与项目公司签订监督协议，项目公司根据协议在特许经营期代理村委会对项目流转土地、所形成的集体非经营性资产进行监管维护。

最后，积极推进农村土地确权颁证工作，完善农村土地"三权分置"制度。在落实集体所有权和稳定承包经营权的前提下，放活土地经营权，促进农业PPP项目的顺利开展。积极探索农村集体成员权资格确定的实践标准，保障集体资产收益分配的合理公平。提高村委会对集体资产经营管理水平，探索多元的集体经济发展方式。

第三节 小 结

第六章中提出了不同类型新型农业经营主体以及农业PPP项目实施过程中面临着诸多困境，这也在很大程度上阻碍了农村土地"三权分置"改革促进城镇化与乡村振兴的融合发展。本章针对上述困境提出了针对性的政策建议。

首先，放活土地经营权为不同类型新型农业经营主体的培育发展提供了制度支持，但不同类型的新型农业经营主体分别面临着"吃不下"的经营权、"分不清"的经营权和"拿不到"的经营权困境，这些困境可归结为人才、资金与制度三个方面的问题。在人才方面，国家相关部门也出台了一系列支持政策，实践中应该积极推进新型职业农民的培训，包括整合分散的新型职业农民教育资源，建立体系化的新型职业农民学校；加强现代经营管理能力的培育；建立新型职业农民认证与激励体系。在资金方面，可以通过引入PPP模式来解决资金匮乏问题，同时也应注重资金的使用效率问题。在制度方面，应积极构建土地经营权流转标准化，包括建立完善的土地经营权估值体系，设计公开透明的土地经营权交易机制，加强土地经营权信息跨地域流动。

其次，在农村土地"三权分置"产权制度安排下，通过农业PPP

项目可以为乡村振兴发展提供资金支持,但实施过程中也面临着村委会"特别法人"角色定位的困境。本书认为农业 PPP 项目可以划分为项目前期和后期,如何让村委会在项目前期和后期更好地发挥自身职能是本章的重要研究目标。从项目前期来看,应提高村委会参与度与强化村委会特别法人权利和义务。从项目后期来看,应逐渐完善集体资产管理机制,包括将农业 PPP 项目划分为公益性与经营性两类;村委会可就项目收益与所形成集体资产向偿付能力较高的保险公司投保,在项目盈利情况较差时保证一定程度的损失补偿等;积极推进农村土地确权颁证工作,完善农村土地"三权分置"制度。

第八章

总结以及进一步的研究方向

本书主要讨论了农村土地对城镇化与乡村振兴融合发展的影响，并从农村土地征收和农村土地产权制度改革两个方面来展开分析和讨论。本章分为两个部分，第一部分为总结，即先分别对农村土地征收和农村土地产权制度改革两个视角做总结。第二部分为进一步的研究方向，即对农村土地对城镇化与乡村振兴融合发展的研究进行扩展分析，讨论本书未涉及但仍然较重要的一些内容，期待为进一步研究提供方向。

第一节 总 结

正如本书前面章节内容所述，本书除了第一章导论和本章之外，主要内容分为两篇，上篇和下篇分别从农村土地征收与产权制度改革对城镇化与乡村振兴融合发展的影响展开讨论，上述两个部分都分别从影响机制、面临困境与解决对策三个方面展开具体论述。本节主要从上述三个方面做简要总结。

一、农村土地征收对城镇化与乡村振兴融合发展的影响机制、困境与实现路径

关于农村土地征收视角下城镇化与乡村振兴融合发展的讨论主要包括三章,其中第二章为农村土地征收对城镇化与乡村振兴融合发展的影响机理,第三章为农村土地征收视角下城镇化与乡村振兴融合发展的困境,第四章为农村土地征收视角下城镇化与乡村振兴融合发展的实现路径。

(一)农村土地征收对城镇化与乡村振兴融合发展的影响机制(第二章)

第二章主要分为三节,其中第一节主要讨论土地增值收益的产生是城镇化与乡村振兴融合发展的前提,而农村土地征收又是土地增值收益产生的基本前提。进一步地,土地增值收益的产生需要经过三个阶段才能最终完成,在每一个阶段都存在土地所有权或者(和)使用权的一种转移。从本质上来讲,每个阶段土地增值收益的产生都是某一主体获得土地增值收益份额的过程。地方政府通过征收的方式将农民集体所有土地的所有权和使用权收归国有是土地增值收益产生的第一个阶段,该阶段的土地征收补偿构成了农民所获得土地增值收益份额。地方政府将农民集体所有土地转变为国有土地,并将国有土地的使用权通过协议出让以及招拍挂等方式出让给用地企业是土地增值收益产生的第二个阶段,地方政府在该阶段获得了相应的土地增值收益份额。用地企业通过出让方式获得国有土地后进行开发建设是土地增值收益产生的第三个阶段,该过程中主要体现了用地企业所获土地增值收益的份额。

第二节论述土地增值收益分配是城镇化与乡村振兴融合发展的关键。首先将土地增值收益分配划分为两个层次,即第一层次是在地方政府、用地企业和村委会之间,在该过程中村委会代表农民与地方政府和用地企业展开谈判,谈判能力的高低在很大程度上决定了村委会以及农

民所能获得土地增值收益份额的大小。第二层次是村委会在土地增值收益第一层次分配中获得相应份额后，在村集体内部进行第二层次的分配。其次，分别从土地增值收益对城镇化的影响以及对乡村振兴的影响途经角度展开讨论，并最终认为土地增值收益格局是城镇化与乡村振兴融合发展的关键。第三节为小结，对第二章的基本内容进行了总结。

（二）农村土地征收视角下城镇化与乡村振兴融合发展的困境（第三章）

第三章主要分为四节，其中第一节从土地增值收益的可持续性视角讨论其对城镇化与乡村振兴融合发展的困境。正如第二章的分析中所论述的，土地增值收益是促进城镇化与乡村振兴融合发展的基本前提，无论土地增值收益通过何种途经对城镇化与乡村振兴的融合发展产生影响，土地增值收益的可持续性都是一个值得重点关注的问题。从理论视角来看，土地增值收益过程如下：城镇化与工业化水平的提高—土地需求增加与城市土地供应有限—农民集体所有土地征收—土地增值收益产生—土地增值收益分配—城镇化与工业化水平提高—……—土地增值收益产生，循环往复的过程意味着土地增值收益的可持续性。但从现实角度来看，土地增值收益的规模呈现出"低—高—低"阶段特征，不同的土地增值收益阶段对经济增长产生不同影响。土地增值收益最终会呈现出低水平状态，其对经济增长的影响将会逐步减弱，这意味着土地增值收益不具有可持续性。进一步地，在土地增值收益具有不可持续性的背景下，土地增值收益分配格局对城镇化与乡村振兴的融合发展的影响就更为重要。当前土地增值收益处于"高"水平阶段，土地增值收益分配格局呈现出地方政府、用地企业、村委会（农民）＝"高、高、低"特征，当前的土地增值收益分配格局对城镇化与乡村振兴的融合发展产生诸多不利影响。

第二节主要讨论土地增值收益分配格局对城镇化与乡村振兴融合发展的不利影响。在第一节中曾指出，当前土地增值收益分配呈现出地方政府、用地企业、村委会（农民）＝"高、高、低"格局，这种格局呈现出"重工业化、轻城镇化、弱乡村发展"特征，该特征对城镇化与乡村振兴的融合发展产生诸多不利影响。此外，村委会在土地增值收益的两层次分配中扮演着重要角色，并对城镇化与乡村振兴的融合发展产生一定影响。

第三节主要是从土地增值收益第二层次分配中成员权与收益权的冲突视角讨论土地增值收益对城镇化与乡村振兴融合发展的不利影响。地方政府、用地企业和村委会在土地增值收益第一层次分配中决定了几个利益主体份额的大小。进一步地，当村委会在第一层次分配中获得一定数额的土地增值收益后，在村集体内部开展第二层次的土地增值收益分配，在这个过程中涉及成员权和收益权的冲突。第四节为小结，总结了土地增值收益对城镇化与乡村振兴融合发展的上述三个困境。

（三）农村土地征收对城镇化与乡村振兴融合发展的实现路径（第四章）

第四章主要分为三节，主要是针对第三章中农村土地征收对城镇化与乡村振兴融合发展的困境提出针对性的政策建议。其中第一节主要讨论了农村土地增值收益分配格局的转变。当前土地增值收益呈现出地方政府、用地企业、村委会（农民）＝"高、高、低"格局，并呈现出"重工业化、轻城镇化、弱乡村发展"特征，并进一步对城镇化与乡村振兴融合发展产生不利影响。结合当前我国土地增值收益"低—高—低"的变化趋势，本节认为土地增值收益分配格局应向"工业化、城镇化、乡村发展并重"转变，并进一步带动城镇化与乡村振兴的融合发展。此外，在土地增值收益的两层次分配中，村委会的被征收土地农民的谈判代表、土地增值收益分配方式的决定主体以及土地股份有限公司的实际管理者等角色，也能够有效促进城镇化与乡村振兴的融合发展。

第二节主要讨论土地增值收益第二层次分配中成员权与收益权的协调问题。根据《中华人民共和国土地管理法》（2020）第四十八条的相关规定，对于农村土地而言，主要包括土地补偿费、安置补助费、其他地上附着物和青苗等的补偿费用、被征地农民的社会保障费用等四个部分。这是构成被征收土地农民收益权的重要内容,其关键就在于如何界定农村集体经济组织的成员权资格。此节根据曹三明(2009)和国家法官学院案例开发研究中心(2019;2020)的案例对外嫁女与招亲户、超生人员、参军服役人员与失踪人口的农村集体经济组织成员资格认定以及农村土地实际承包人是否能够获得土地征收补偿款等问题进行了说明,从实践角度讨论如何协调成员权与收益权的冲突。第三节为小结,主要是对第四章的内容进行总结。

二、农村土地产权制度对城镇化与乡村振兴融合发展的影响机制、困境与实现路径

与上篇类似,关于农村土地产权视角下城镇化与乡村振兴融合发展的讨论也主要包括三章,其中第五章主要讨论农村土地产权制度改革对城镇化与乡村振兴融合发展的影响机制分析,第六章讨论农村土地"三权分置"视角下城镇化与乡村振兴融合发展的困境,第七章为农村土地"三权分置"视角下城镇化与乡村振兴融合发展的实现路径。

(一)农村土地产权制度改革对城镇化与乡村振兴融合发展的影响机制分析(第五章)

第五章主要分为三节,第一节讨论在农村土地"两权分离"产权制度安排下,承包经营权的成员权与用益物权双重属性使其对城镇化与乡村振兴的融合发展产生不利影响。一方面,土地承包经营权的双重属性在一定程度上限制了农民进入城市生活的意愿和能力,不利于主动城镇化水平的提高。另一方面,土地承包经营权的双重属性也不利于城市人才下(回)乡和社会资本进入乡村,这也在很大程度上限制了乡村的振兴发展。因此,如何破解农村土地"两权分离"产权制度安排下的土地承包经营权双重属性是关键,这也进一步推动了农村土地的"三权分置"产权制度的改革进程。

第二节讨论农村土地"三权分置"产权制度安排对城镇化与乡村

振兴融合发展的影响机制。农村土地"三权分置"改革强调所有权、承包权与经营权的分置,承包权与经营权分置有效解决了农村土地"两权分离"背景下的承包经营权双重属性问题。农村土地"三权分置"能够有力带动城乡要素的双向流动,进而促进城镇化与乡村振兴的融合发展。从"人"的角度来看,一方面,承包权与经营权分离有利于让有意愿进入城市的农民放心地流转土地的经营权,实现农村土地的物权属性并获得进入城市的货币资本,有利于推动城镇化水平的提高。另一方面,承包权与经营权的分离有利于让外出能人返乡集中土地经营家庭农场、农民合作社、农业企业等,并进一步带动城市人才下乡,能够有效解决农村土地撂荒问题。从"钱"的角度来看,放活土地经营权为社会资本进入农村提供了渠道,有利于解决农业经营资本不足困境,并进一步促进家庭农场、农民合作社以及农业企业等新型农业经营主体的发展。社会资本进入农村会进一步吸引外出能人返乡创业以及城市人才的下乡。因此,农村土地"三权分置"改革能够有效推动城乡要素的有序流动,促进乡村的振兴发展。综上所述,农村土地"三权分置"通过不同路径有效推动了城镇化与乡村振兴的融合发展。第三节为小结,总结本章的基本内容。

(二)农村土地"三权分置"视角下城镇化与乡村振兴融合发展困境(第六章)

第六章主要分为三节,其中第一节主要讨论农村土地"三权分置"与新型农业经营主体之间的关系,以及新型农业经营主体对城镇化与乡村振兴融合发展影响以及所面临的发展困境。首先厘清了农村土地所有权、承包权、经营权与新型农业经营主体之间的关系,其次分析了新型农业经营主体培育影响城镇化与乡村振兴融合发展的机制,最后讨论了在农村土地"三权分置"背景下,家庭农场(专业大户)、农民合作社、农业企业等不同类型新型农业经营主体发展过程中所面临"吃不下"的经营权、"分不清"的经营权和"拿不到"的经营权等困境。

第二节在农村土地"三权分置"产权制度安排下,放活土地经营权有利于推进农业 PPP 项目的顺利实施，并在明确农业 PPP 项目对城镇化与乡村振兴融合发展影响的基础上，讨论村委会在农业 PPP 项目实施过程中所面临的困境。农村土地"三权分置"背景下放活土地经营权为社会资本进入农村提供了制度支持，而农业 PPP 项目是社会资本进入农村的重要形式。首先将农业 PPP 项目的运行过程划分为项目前期和项目后期，讨论村委会在项目前期和后期的不同职能，其中村委会在项目前期中作为双向代理人参与民事活动，在项目后期中经营管理 PPP 项目形成的集体资产。进一步地，通过案例对村委会的双向代理人职能与经营管理 PPP 项目形成的集体资产职能面临的现实困境进行讨论分析。其中，村委会双向代理人职能实现的现实困境包括熟人社会与政商联盟对村委会的双向压迫、高交易成本等。经营管理 PPP 项目形成的集体资产职能的现实困境包括村委会民事主体地位较弱等。第三节为小结，对农村土地"三权分置"视角下城镇化与乡村振兴融合发展困境的内容进行总结。

（三）农村土地"三权分置"促进城镇化与乡村振兴融合发展的实现路径（第七章）

第七章主要分为三节，其中第一节主要讨论在农村土地"三权分置"产权制度安排下，针对不同类型的新型农业经营主体面临的"吃不下"的经营权、"分不清"的经营权和"拿不到"的经营权困境提出针对性的政策建议。这些困境可归结为人才、资金与制度三个方面的问题。从人才方面来看，应通过整合分散的新型职业农民教育资源建立体系化的新型职业农民学校、加强现代经营管理能力的培育和建立新型职业农民认证与激励体系等方面推进新型职业农民的培训。从资金方面来看，通过推动农业 PPP 项目不仅能够解决乡村发展的资金短缺问题，还能提高资金的使用效率。从制度方面来看，可以通过建立完善的土地经营权估值体系、设计公开透明的土地经营权交易机制和加强土地经营权信息跨地域流动来构建土地经营权流转的标准化。

第二节主要讨论了农业 PPP 项目中的村委会职能的角色定位问题。

针对第六章通过案例分析所讨论的农业 PPP 项目中村委会职能发挥所面临的困境，如何让村委会在项目前期和后期更好地发挥自身职能是重点予以讨论的。在农业 PPP 项目的前期，应提高村委会参与度与强化村委会特别法人权利和义务。在农业 PPP 项目的后期，应完善集体资产管理机制，包括将农业 PPP 项目划分为公益性与经营性两类、村委会可就项目收益与所形成集体资产向偿付能力较高的保险公司投保，在项目盈利情况较差时保证一定程度的损失补偿，以及积极推进农村土地确权颁证工作，完善农村土地"三权分置"制度。第三节为小结，对农村土地"三权分置"促进城镇化与乡村振兴融合发展的实现路径问题进行总结。

第二节 进一步的研究方向

第一节对本书农村土地征收和产权制度变革对城镇化与乡村振兴融合发展的影响进行了梳理和总结。但本书中关于农村土地对城镇化与乡村振兴融合发展的影响分析还存在诸多进一步研究的空间，包括农村土地内涵的扩展（本书前面章节中的农村土地主要是指耕地，而未包括农村的宅基地、集体经营性建设用地等）、乡村发展类型的差别等。

一、农村土地内涵的扩展：宅基地与集体经营性建设用地视角

本书中对农村土地的内涵界定为农村的耕地，而对宅基地以及集体经营性建设用地入市对城镇化与乡村振兴融合发展的影响并未涉及，而这两类土地对城镇化与乡村振兴融合发展却具有重要影响。因此，本节简要对这种影响做一些说明，为进一步的研究提供方向。

(一) 宅基地对城镇化与乡村振兴融合发展的影响

1. 宅基地从"两权分离"到"三权分置"的转变

新中国成立初期至20世纪50年代末,宅基地所有权与使用权统一归农民所有。1963年,"宅基地使用权"概念被首次提出,并进一步规定农民只拥有宅基地使用权。自此之后,宅基地所有权归集体所有、使用权归农民所有的"两权分离"制度逐步建立起来。在宅基地"两权分离"产权制度安排下,集体所有是宅基地产权制度的基本特征,宅基地产权制度的核心在于"使用权"。农民所拥有的宅基地使用权具有成员权和用益物权双重属性(李凤章、李卓丽,2018),这种双重属性导致的农村大量宅基地闲置并未发挥其财产功能,进而宅基地"两权分离"产权制度安排呈现"强化保障功能、弱化财产功能"特征。而宅基地"三权分置"改革有效解决了"两权分离"产权制度安排中存在的问题,宅基地"三权分置"强调落实宅基地集体所有权、保障宅基地农户资格权、适度放活宅基地使用权,这为农民通过放活宅基地使用权实现财产功能提供了制度基础,这也有效实现了宅基地从"强化保障功能、弱化财产功能"到"保障功能、财产功能并重"的转变。

2. 宅基地"三权分置"改革对城镇化与乡村振兴融合发展的影响

本书前面多次强调,提高农民进入城市能力是推动主动城镇化和被动城镇化水平的关键所在,实现乡村振兴发展的重要途径就是弥补乡村发展的资金不足以及人才缺失等问题。宅基地"三权分置"改革能够满足上述两个条件。一方面,在落实宅基地集体所有权和保障宅基地农户资格权基础上,适度放活宅基地使用权能够有效提高农民的财产性收入水平,为那些有意愿进入城市的农民提供了资本支持,有利于推动城镇化水平的提高。另一方面,适度放活宅基地使用权不仅能够有效解决宅基地闲置所造成的利用效率低下问题,还可以通过利用闲置宅基地开展民宿、乡村旅游等方式带动乡村的振兴发展。因此,宅基地"三权分置"改革能够有效推动城镇化与乡村振兴的融合发展。但是,宅基地"三权分置"改革过程中还面临着诸多现实困境,这些困境也会对城镇化与乡村振兴的融合发展产生不利影响。

首先，落实宅基地集体所有权中面临的困境。落实宅基地集体所有权是宅基地"三权分置"改革的前提。宅基地属于农民集体所有，但"农民集体"是一个虚置的主体，这种虚置体现在所有权主体法律地位的缺失、主体的多元化以及完整处分权的缺乏，这进一步导致其统筹资格权与使用权的作用被削弱（韩文龙、谢璐，2018）。农民集体并不是法律规定的权利主体，实践中由村集体经济组织或者村民委员会代表集体行使所有权。当宅基地面临增值收益机会时，村委会与集体经济组织等多元化的宅基地所有权主体之间可能会存在收益分配冲突。从处分权利角度来看，村集体经济组织或者村委会作为"农民集体"的代理人，在村集体内部有调换、分配宅基地的部分处分权。其次，保障宅基地农户资格权中面临的困境。保障宅基地农户资格权是宅基地"三权分置"改革的基础。宅基地集体所有权主体在农户资格权界定以及"一户多宅"与宅基地面积超标等历史遗留问题中面临诸多现实困境。最后，适度放活宅基地使用权中面临的困境。适度放活宅基地使用权是宅基地"三权分置"改革的关键。适度放活使用权是宅基地财产功能实现的基本要求，使用权流转是放活宅基地使用权的基本形式，涉及使用权流转前提、流转范围、流转方式、流转后的用途以及流转时限等诸多问题。综上所述，如何解决宅基地"三权分置"改革过程中的困境有待进一步深入研究。

（二）农村集体经营性建设用地入市对城镇化与乡村振兴融合发展的影响

自 20 世纪 90 年代中期以来，农村集体经营性建设用地入市经历了地方自发试点阶段（1995~1998 年）、国家部署试点阶段（1999~2006 年）、试点政策深化阶段（2007~2012 年）、法律授权试点阶段（2013~2018 年）以及获得立法批准阶段（2019 年至今）等五个阶段（刘俊杰、岳永兵，2020）。当前正处于农村集体经营性建设用地直接入市的起始阶段，根据自然资源部《2017 中国土地矿产海洋资源统计公报》的数据显示，2016年末的全国农村集体经营性建设用地存量规模在5000万亩以上，占比全国建设用地总量的9%左右。与宅基地类似，虽然农村集体经营建设用地规模总量不高，但农村集体经营性建设用地的入市收益对城镇化与乡村振兴的融合发展具有重要影响。一方面，农村集体经营性建设用地入市收益同样能够为有意愿进入城市生活的农民提供他们货币资本，进而提高城镇化水平。另一方面，村委会能够获得一定比例的农村集体经营性建设用地入市收益，这部分收益能够为发展乡村经济提供资本支持。例如，四川巴中和成都、重庆大足、贵州湄潭、广西北流等地都根据当地的实际情况收取一定比例的调节金（刘俊杰、岳永兵，2020）。

但农村集体经营性建设用地入市收益的分配还面临诸多现实问题。首先，农村集体经营性建设用地入市的条件。农村集体经营性建设用地作为农村土地的重要组成部分，《中华人民共和国土地管理法》（2020）第六十三条中明确规定"土地利用总体规划、城乡规划确定为工业、商业等经营性用途，并经依法登记的集体经营性建设用地，土地所有权人可以通过出让、出租等方式交由单位或者个人使用，并应签订书面合同……应当经本集体经济组织成员的村民会议三分之二以上成员或者三分之二以上村民代表的同意……"，上述规定决定了农村集体经营性建设用途入市的五个基本条件：一是要符合土地利用总体规划和城乡规划；二是要符合"工业、商业等经营性用途"；三是"并经依法登记的集体经营性建设用地"表明入市的农村集体经营性建设用地权属清晰；四是"并应签订书面合同"强调要签订流转合同；五是"应当经本集体经济组织成员的村民会议三分之二以上成员或者三分之二以上村民代表的同意"表明农村集体经营性建设用地入市要经过农村集体的集体决策。能否全面落实农村集体经营性建设用地入市条件是至关重要的。

其次，农村集体经营性建设用地入市收益的分配问题。农村集体经营建设用地属于农民集体所有，而农民集体的"虚置"使所有权行使主体多由村委会（村干部）来代替，这也将进一步导致出现一些现实问题。一方面，农村集体经营性建设用地入市集体决策能否实现，实践中的村委会（村干部）可能会代行决策，进而导致农民的经济权益受到侵害。此外，这也会进一步降低农村集体经营性建设用地入市的经济效率。另一方面，当前缺乏健全的农村集体经营性建设用地入市的收益分配机制，这也为村委会（村干部）侵害农民权益提供了可能（李怀，2020）。

农村集体经营性建设用地入市面临的上述困境将在很大程度上影响其对城镇化与乡村振兴的融合发展。那么，如何解决上述困境是值得进一步深入研究的。

二、不同类型村庄差异对城镇化与乡村振兴融合发展的影响

本书从农村土地视角对城镇化与乡村振兴融合发展进行了分析，但本书的分析中并未对现有乡村进行分类。2018年9月26日，中共中央、国务院印发的《乡村振兴战略规划（2018－2022）》中明确地将乡村分为集聚提升类村庄、城郊融合类村庄、特色保护类村庄和搬迁撤并类村庄，不同类型的村庄具有不同的发展内涵（张广辉、叶子祺，2019）。进一步地，不同类型的村庄中的农村土地征收和产权制度改革对城镇化与乡村振兴的融合发展的影响存在差异。

首先，集聚提升类村庄和城郊融合类村庄。集聚提升类村庄主要包含规模较大的中心村和其他将存续的一般村，不仅占据乡村类型的大多数，同时也是最容易忽视和最难以精准研究的普遍群体（贺雪峰，2004）。城郊融合类村庄从地域范围上主要是指城市近郊区及县城城关镇所在地的村庄。随着工业化和城镇化水平的不断提高，使我国传统农村的村庄形式由"以农为主"变成了"亦农亦居"具有过度特征的"城中村"和"城郊结合村"（李培林，2002），这些过渡性质的"边缘地带"就构成了城郊融合类村庄的主体。这两类村庄与本书前面章节中提到的乡村最接近，农村土地征收以及"三权分置"改革在影响城镇化与乡村振兴融合发展过程中所面临的困境与解决对策在本书的前面章

节中也有所提及。所不同的是，集聚提升类村庄更多的是强调主动城镇化与乡村振兴的融合发展，而城郊融合类村庄更多的是影响被动城镇化与乡村振兴的融合发展。

其次，特色保护类村庄和搬迁撤并类村庄。特色保护类村庄是拥有自然、历史、民族、文化特色和兼具保护价值的村落，是依托现有资源彰显地域特色的重要载体。搬迁撤并类村庄主要包括因生存环境恶劣、生态环境脆弱造成的"搬迁类"村庄和因人口流失特别严重的"合并类"村庄。这两类村庄的农村土地被地方政府征收的可能性较低，城镇化与乡村振兴融合发展的影响更多地受到农村土地"三权分置"的影响。其中特色保护类村庄的存在，既有依托自然、历史因素形成的"内生特色"，也有依托当前实际，经外地或本土新规划而来的"外生特色"。而在"精准扶贫"的全面考核下，特色保护类村庄发展面临"建设易、发展难"，"宣传易、创收难"困境。因生存环境恶劣、生态环境脆弱造成的"搬迁类"村庄和因人口流失特别严重的"合并类"村庄面临着地方政府面临财政压力和农民面临未来不确定困境，这些都为两类村庄的农村土地"三权分置"改革指明了方向，也有利于推动城镇化与乡村振兴的融合发展。

参 考 文 献

[1] 操世元：《城郊农民市民化过程中集体经济问题——以杭州Y村为例》，载《浙江社会科学》2008年第2期。

[2] 曹三明：《土地征收补偿分配纠纷案例选编》，中国社会出版社2009年版。

[3] 柴志春、赵松、李众敏、吴凌燕：《土地价格与经济增长关系的实证分析——以东部地区为例》，载《中国土地科学》2009年第1期。

[4] 陈慧、安春晓、付光辉、刘友兆、冯佳佳：《土地整治PPP模式中政府与社会投资者演化博弈研究》，载《中国农业大学学报》2017年第7期。

[5] 陈坤秋、龙花楼：《中国土地市场对城乡融合发展的影响》，载《自然资源学报》2019年第2期。

[6] 陈明星、叶超、周义：《城镇化速度曲线及其政策启示——对诺色姆曲线的讨论与发展》，载《地理研究》2011年第8期。

[7] 陈品艳：《农村土地股份制改革的理论探索与制度设计》，载《农业经济》2019年第10期。

[8] 陈思羽、邹宝玲：《新型农业经营主体研究》，载《新疆农垦经济》2016年第11期。

[9] 陈伟、严长清、吴群、李永乐：《开发区土地要素对经济增长的贡献——基于江苏省面板数据的估计与测算》，载《地域研究与开发》2011年第5期。

[10] 陈文胜：《怎样理解"乡村振兴战略"》，载《农村工作通讯》2017年第21期。

[11] 陈先强：《土地资源约束下的武汉城市圈经济增长实证研究》，载《湖北社会科学》2016年第8期。

[12] 陈志勇、陈莉莉：《财税体制变迁、"土地财政"与经济增长》，载《财贸经济》2011年第2期。

[13] 程曙明、沈旸：《集体成员权的界定与保障——以农村土地权益为例》，载《湖北警官学院学报》2008年第6期。

[14] 储德银、费冒盛：《财政纵向失衡、土地财政与经济高质量发展》，载《财经问题研究》2020年第3期。

[15] 崔大君：《建立土地股份合作社增加农民土地经营收益》，载《中国农民合作社》2019年第8期。

[16] 崔云：《中国经济增长中土地资源的"阻力"分析》，载《河北经贸大学学报》2007年第6期。

[17] 单豪杰：《中国资本存量K的再估算：1952~2006》，载《数量经济技术经济研究》2008年第10期。

[18] 党国英：《发展"家庭农场"提高土地利用效率》，载《中国国土资源报》2013年2月26日。

[19] 邓衡山、王文烂：《合作社的本质规定与现实检视——中国到底有没有真正的农民合作社？》，载《中国农村经济》2014年第7期。

[20] 邓蓉：《农村土地制度改革进程中的集体经济组织主体地位重塑》，载《农村经济》2017年第3期。

[21] 杜雪君、黄忠华、吴次芳：《中国土地财政与经济增长——基于省际面板数据的分析》，载《财贸经济》2009年第1期。

[22] 范进、赵定涛：《土地城镇化与人口城镇化协调性测定及其影响因素》，载《经济学家》2012第5期。

[23] 丰雷、魏丽、蒋妍：《论土地要素对中国经济增长的贡献》，载《中国土地科学》2008年第12期。

[24] 高连和：《新农村建设中民间资本的引入机制研究——基于PPP融资模式的思考》，载《东南学术》2008年第2期。

[25] 高圣平：《承包土地经营权抵押规则之构建——兼评重庆城

乡统筹综合试点改革模式》，载《商法研究》2016年第1期。

[26] 顾乃华、王小霞、陈雄辉：《我国土地财政的区域差异与成因——基于省际面板数据的实证研究》，载《产经评论》2011年第2期。

[27] 管洪彦：《农民集体成员权研究》，中国人民大学法学院博士论文，2012年。

[28] 郭继：《农村集体成员权制度运行状况的实证分析》，载《南京农业大学学报（社会科学版）》2012年第1期。

[29] 郭素芳：《城乡要素双向流动框架下乡村振兴的内在逻辑与保障机制》，载《天津行政学院学报》2018年第3期。

[30] 国家法官学院案例开发研究中心：《中国法院2019年度案例土地纠纷》，中国法制出版社2019年版。

[31] 国家法官学院案例开发研究中心：《中国法院2020年度案例土地纠纷》，中国法制出版社2020年版。

[32] 韩文龙、谢璐：《宅基地"三权分置"的权能困境与实现》，载《农业经济问题》2018年第5期。

[33] 贺雪峰、胡宜：《村庄研究的若干层面》，载《中国农村观察》2004年第3期。

[34] 胡静林、周法兴：《PPP模式在新农村基础设施建设中的应用》，载《中国财政》2006年第9期。

[35] 胡震、朱小吉庆：《农村土地"三权分置"的研究综述》，载《中国农业大学学报（社会科学版）》2017年第2期。

[36] 胡中应：《社会资本视角下的乡村振兴战略研究》，载《经济问题》2018年第5期。

[37] 黄爱东：《"城中村"的困惑与"金包银"工程的曙光——厦门"金包银"工程的创新实践对防范"城中村"问题的启示》，载《农业经济问题》2009年第10期。

[38] 黄江泉、李晓敏：《农民工进城落户的现实困境及政策选择》，载《经济学家》2014年第5期。

[39] 黄少安：《从家庭承包的土地经营权到股份合作制的"准土

地股权"——理论矛盾、形成机理和解决思路》，载《经济研究》1995年第7期。

[40] 黄泰岩、石腾超：《规避城市化厄运的关键与途径》，载《当代经济研究》2013年第10期。

[41] 黄拥政、彭程甸、祝子丽：《农村饮水安全PPP项目的政府补偿机制略探》，载《中南林业科技大学学报（社会科学版）》2017年第4期。

[42] 贾康、孙洁：《社会主义新农村基础设施建设中应积极探索新管理模式——PPP》，载《财政研究》2006年第7期。

[43] 姜爱林、陈海秋：《农村土地股份合作制基本理论研究述评》，载《华南农业大学学报（社会科学版）》2007年第2期。

[44] 姜长云：《实施乡村振兴战略需努力规避几种倾向》，载《农业经济问题》2018年第1期。

[45] 姜海、夏燕榕、曲福田：《建设用地扩张对经济增长的贡献及其区域差异研究》，载《中国土地科学》2009年第8期。

[46] 蒋永穆、周宇晗：《改革开放40年城乡一体化发展：历史变迁与逻辑主线》，载《贵州财经大学学报》2018年第5期。

[47] 阚立娜、李录堂、薛凯文：《农村土地流转背景下新型农业经营主体信贷需求及约束研究》，载《华中农业大学学报（社会科学版）》2016年第3期。

[48] 孔祥智、刘同山：《赋予农民更多财产权利：必要性、内涵与推进策略》，载《教学与研究》2014年第1期。

[49] 孔祥智、刘同山、郑力文：《土地流转中村委会的角色及其成因探析——基于鲁冀皖三省15个村庄的土地流转案例》，载《东岳论丛》2013年第5期。

[50] 雷玉琼、贺丽平：《论PPP模式在新型农村合作医疗中的应用——以江阴为例》，载《求索》2010年第9期。

[51] 李爱民：《中国半城镇化研究》，载《人口研究》2013年第4期。

[52] 李长健、杨莲芳：《三权分置、农村土地流转及其风险防范》，载《西北农林科技大学学报（社会科学版）》2016 年第 4 期。

[53] 李承政、顾海英、史清华：《农村土地配置扭曲与流转效率研究》，载《经济科学》2015 年第 3 期。

[54] 李凤章、李卓丽：《宅基地使用权身份化困境之破解——以物权与成员权的分离为视角》，载《法学杂志》2018 年第 3 期。

[55] 李桂萍：《村委会土地违法问题研究》，贵州大学硕士学位论文，2016 年。

[56] 李恒：《农村土地流转的制度约束及促进路径》，载《经济学动态》2015 年第 6 期。

[57] 李怀：《农村集体经营性建设用地入市收益分配改革：模式、困境与突破》，载《东岳论丛》2020 年第 7 期。

[58] 李菁、颜丹丽：《集体成员权和土地承包收益权的冲突与协调：稳定地权与不稳定地权的对比》，载《中国农村观察》2011 年第 2 期。

[59] 李俊高、李萍：《我国农村土地撂荒及其分类治理：基于马克思地租理论的拓展分析》，载《财经科学》2016 年第 12 期。

[60] 李名峰：《土地要素对中国经济增长贡献研究》，载《中国地质大学学报（社会科学版）》2010 年第 1 期。

[61] 李明月、胡竹枝：《土地要素对经济增长贡献的实证分析——以上海市为例》，载《软科学》2005 年第 6 期。

[62] 李明月、张志鸿、胡竹枝：《土地要素对经济增长的贡献研究——基于土地资源与土地资产双重属性的视角》，载《城市发展研究》2018 年第 7 期。

[63] 李培林：《巨变：村落的终结——都市里的村庄研究》，载《中国社会科学》2002 年第 1 期。

[64] 李俏、金星：《资本下乡与环境危机：农民应对行为策略及其困境——基于湖南汨罗市 S 村的实地调查》，载《现代经济探讨》2018 年第 2 期。

［65］李汝资、吕芸芸、王文刚、刘耀彬：《中国城市用地扩张对农业全要素生产率的影响研究——基于土地财政的门槛效应视角》，载《华东经济管理》2019 年第 8 期。

［66］李少民：《解决农村土地撂荒问题的财政对策》，载《经济研究参考》2017 年第 54 期。

［67］李诗和：《失地农民再就业能力现状、影响因素及提升对策研究》，载《成都理工大学学报（社会科学版）》2019 年第 3 期。

［68］李艳芳、赵玮：《PPP 视阈下农村公共文化产品及服务的供给研究》，载《特区经济》2012 年第 8 期。

［69］李宴：《关于农业集体经济组织成员权的法律探讨》，载《农村经济》2009 年第 7 期。

［70］李勇刚、高波、许春招：《晋升激励、土地财政与经济增长的区域差异——基于面板数据联立方程的估计》，载《产业经济研究》2013 年第 1 期。

［71］李钰、唐云松：《村干部在农村土地管理中的腐败行为研究》，载《天水行政学院学报》2009 年第 1 期。

［72］李增刚：《农民进城、市民下乡与乡村振兴》，载《学习与探索》2018 年第 5 期。

［73］林乐芬、赵辉、安然、李佳、沈颖妮：《城市化进程中失地农民市民化现状研究》，载《农业经济问题》2009 年第 3 期。

［74］刘成武、李秀彬：《基于生产成本的中国农地利用集约度的变化特征》，载《自然资源学报》2006 年第 1 期。

［75］刘合光：《激活参与主体积极性，大力实施乡村振兴战略》，载《农业经济问题》2018b 年第 1 期。

［76］刘合光：《乡村振兴战略的关键点、发展路径与风险规避》，载《新疆师范大学学报（哲学社会科学版）》2018a 年第 3 期。

［77］刘红梅、肖平华、王克强：《中国县级土地财政收入问题研究》，载《中国土地科学》2010 年第 11 期。

［78］刘佳、吴建南、马亮：《地方政府官员晋升与土地财政——

基于中国地市级面板数据的实证分析》，载《公共管理学报》2012年第2期。

[79] 刘婧娟：《土地征收补偿款分配的两难困境分析及对策研究》，载《浙江学刊》2014年第1期。

[80] 刘俊杰、岳永兵：《农村集体经营性建设用地入市改革：回顾与展望》，载《农村金融研究》2020年第6期。

[81] 刘若江：《马克思土地产权理论对我国农村土地流转的启示——以三权分离的视角》，载《西北大学学报（哲学社会科学版）》2015年第3期。

[82] 刘守英、王志锋、张维凡、熊雪锋：《"以地谋发展"模式的衰竭——基于门槛回归模型的实证研究》，载《管理世界》2020年第6期。

[83] 刘同山：《农民合作社的幸福效应：基于ESR模型的计量分析》，载《中国农村观察》2017年第4期。

[84] 刘耀彬、陈斐：《中国城镇化进程中资源消耗"尾效"分析》，载《中国工业经济》2007年第11期。

[85] 刘玉萍、郭郡郡、李馨鸾：《经济增长中的土地财政依赖：度量、变化及后果》，载《云南财经大学学报》2012年第1期。

[86] 龙奋杰、郭明：《土地供给对中国城市增长的影响研究》，载《城市发展研究》2009年第6期。

[87] 陆大道、陈明星：《关于"国家新型城镇化规划（2014—2020）"编制大背景的几点认识》，载《地理学报》2015年第2期。

[88] 陆铭：《建设用地使用权跨区域再配置：中国经济增长的新动力》，载《世界经济》2011年第1期。

[89] 陆铭：《建设用地指标可交易：城乡和区域统筹发展的突破口》，载《国际经济评论》2010年第2期。

[90] 吕丹、王钰：《地方政府土地财政的综合经济影响及改革路径分析——基于对大连土地财政实证研究》，载《财经问题研究》2013年第1期。

[91] 吕炜、许宏伟：《土地财政的经济影响及其后续风险应对》，载《经济社会体制比较》2012年第11期。

[92] 吕岩威、刘洋：《农村一二三产业融合发展：实践模式、优劣比较与政策建议》，载《农村经济》2017年第12期。

[93] 罗必良：《明确发展思路，实施乡村振兴战略》，载《南方经济》2017年第10期。

[94] 潘丽：《农村集体成员权性质比较分析》，载《安徽广播电视大学学报》2010年第2期。

[95] 彭涛、魏建：《村民自治中的委托代理关系：共同代理模型的分析》，载《学术月刊》2010年第12期。

[96] 皮修平、周镕基：《农村土地流转视阈下新型农业经营主体发展研究——以湖南省为例》，载《湖南师范大学社会科学学报》2015年第3期。

[97] 祁毓、秦小莉、姜文婷：《是什么缓解了自然风险对粮食生产的冲击?》，载《财贸研究》2011年第6期。

[98] 任丹丽：《关于集体成员资格和集体财产权的思考》，载《南京农业大学学报（社会科学版）》2008年第1期。

[99] 上官健：《新农村城镇化建设中PPP模式应用略论——以海南国际旅游岛新农村城镇化为例》，载《经济问题》2016年第5期。

[100] 尚长风：《PPP模式在农村养老保险制度中的运用》，载《审计与经济研究》2006年第2期。

[101] 沈关宝、李耀锋：《网络中的蜕变：失地农民的社会网络与市民化关系探析》，载《复旦学报（社会科学报）》2010年第2期。

[102] 沈坤荣、李影：《中国经济增长的能源尾效分析》，载《产业经济研究》2010年第2期。

[103] 斯日吉模楞：《城市化过程中城市土地扩张与经济增长关系研究》，载《财经理论研究》2019年第4期。

[104] 苏红键、魏后凯：《改革开放40年中国城镇化历程、启示与展望》，载《改革》2018年第11期。

[105] 苏毅清、游玉婷、王志刚：《农村一二三产业融合发展：理论探讨、现状分析与对策建议》，载《中国软科学》2016 年第 8 期。

[106] 唐鹏、陈尧、肖君：《土地财政影响经济增长的作用机理及空间效应研究》，载《土地经济研究》2019 年第 2 期。

[107] 田则林、余义之、杨世友：《三权分离：农村土地代营——完善土地承包制、促进土地流转新途径》，载《中国农村经济》1990 年第 2 期。

[108] 王博、朱玉春：《论农民角色分化与乡村振兴战略有效实施》，载《现代经济探讨》2018 年第 5 期。

[109] 王彩霞：《工商资本下乡与农业规模化生产稳定性研究》，载《宏观经济研究》2017 年第 11 期。

[110] 王成军、何秀荣、费喜敏：《工业化城市化对耕地变化作用研究——基于国际视角的实证分析》，载《农业技术经济》2012 年第 11 期。

[111] 王春福：《农村基础设施治理 PPP 模式研究》，载《农业经济问题》2008 年第 6 期。

[112] 王国敏、杨永清、王元聪：《新型农业经营主体培育：战略审视、逻辑辨识与制度保障》，载《西南民族大学学报（人文社会科学版）》2014 年第 10 期。

[113] 王家庭：《中国区域经济增长中的土地资源尾效研究》，载《经济地理》2010 年第 12 期。

[114] 王建康、谷国锋：《土地要素对中国城市经济增长的贡献分析》，载《中国人口·资源与环境》2015 年第 8 期。

[115] 王图展：《农民合作社议价权、自生能力与成员经济绩效——基于 381 份农民专业合作社调查问卷的实证分析》，载《中国农村经济》2016 年第 1 期。

[116] 王玉波：《土地财政的成因与效应及改革研究综述》，载《经济问题探索》2013a 年第 2 期。

[117] 王玉波：《土地财政推动经济与城镇化作用机理及实证研

究》，载《南京农业大学学报（社会科学版）》2013b年第3期。

[118] 魏后凯：《坚定不移地实施乡村振兴战略》，载《经济日报》2017年11月3日。

[119] 魏建：《嵌入与争夺下的权利破碎：失地农民权益的保护》，载《法学论坛》2010年第6期。

[120] 吴丰华、韩文龙：《改革开放四十年的城乡关系：历史脉络、阶段特征和未来展望》，载《学术月刊》2018年第4期。

[121] 吴群、李永乐：《财政分权、地方政府竞争与土地财政》，载《财贸经济》2010年第7期。

[122] 吴兴国：《集体经济组织成员资格及成员权研究》，载《法学杂志》2006年第2期。

[123] 吴肇光、刘祖军、陈泽镕：《强化乡村振兴制度性供给研究》，载《福建论坛（人文社会科学版）》2018年第4期。

[124] 项继权、周长友：《"新三农"问题的演变与政策选择》，载《中国农村经济》2017年第10期。

[125] 项继权、周长友：《"新三农"问题的演变与政策选择》，载《中国农村经济》2017年第10期。

[126] 肖海翔：《"公私部门伙伴关系"模式：新农村基础设施供给的新选择》，载《财经理论与实践》2007年第2期。

[127] 肖卫东、梁春梅：《农村土地"三权分置"的内涵、基本要义及权利关系》，载《中国农村经济》2016年第11期。

[128] 谢安忆：《中国"土地财政"与经济增长的实证研究》，载《经济论坛》2011年第7期。

[129] 谢书玲、王铮、薛俊波：《中国经济发展中水土资源的"增长尾效"分析》，载《管理世界》2005年第7期。

[130] 辛波、于淑俐：《对土地财政与地方经济增长相关性的探讨》，载《当代财经》2010年第1期。

[131] 熊超男、孟禹彤：《基于项目参与者分担视角下的农业综合开发PPP项目风险研究》，载《昆明理工大学学报（自然科学版）》

2016 年第 1 期。

[132] 熊惠平：《农村一二三产业融合发展格局下的农业高职 PPP 模式建设》，载《中国高教研究》2017 年第 8 期。

[133] 徐志文、谢方：《土地资源与城市经济增长——理论与经验分析》，载《统计与信息论坛》2015 年第 5 期。

[134] 许庆：《家庭联产承包责任制的变迁、特点及改革方向》，载《世界经济文汇》2008 年第 1 期。

[135] 薛白、赤旭：《土地财政、寻租与经济增长》，载《财政研究》2010 年第 2 期。

[136] 薛俊波、王铮、朱建武、吴兵：《中国经济增长的"尾效"分析》，载《财经研究》2004 年第 9 期。

[137] 闫坤、鲍曙光：《土地出让收入可持续性研究》，载《财经智库》2019 年第 6 期。

[138] 闫文、许月明：《河北省多样化征地补偿方式探讨》，载《调研世界》2010 年第 3 期。

[139] 杨继瑞、薛晓：《农村土地"三权分离"：经济上实现形式的思考与对策》，载《农村经济》2015 年第 8 期。

[140] 杨杨、吴次芳、郑娟尔：《土地资源约束对中国经济增长的影响》，载《技术经济》2007 年第 11 期。

[141] 杨一介：《农村地权制度中的农民集体成员权》，载《云南大学学报（法学版）》2008 年第 5 期。

[142] 杨召奎、王群：《农民工返乡创业面临三大难题》，载《工人日报》2016 年 8 月 25 日。

[143] 姚洋：《中国农村土地制度：一个分析框架》，载《中国社会科学》2000 年第 2 期。

[144] 叶华：《三权分离的改革思路与农村土地的微观制度安排》，载《社会科学家》1998 年第 S2 期。

[145] 叶剑平、马长发、张庆红：《土地要素对中国经济增长贡献分析——基于空间面板模型》，载《财贸经济》2011 年第 4 期。

[146] 叶兴庆：《实现国家现代化不能落下乡村》，载《中国发展观察》2017年第21期。

[147] 于长革：《"土地财政"路径下经济增长的不确定性及相关政策建议》，载《地方财政研究》2012年第10期。

[148] 余梦秋、陈家泽：《固化农村集体经济组织成员权的理论思考》，载《财经科学》2011年第11期。

[149] 詹新宇、苗真子：《土地财政的经济增长质量效应研究——基于"五大发展理念"的视角》，载《现代财经》2020年第7期。

[150] 张广辉、陈鑫泓：《乡村振兴视角下城乡要素流动困境与突破》，载《经济体制改革》2020年第3期。

[151] 张广辉：《村集体内部的土地红利分配：成员权与收益权的冲突与协调》，载《现代经济探讨》2013年第11期。

[152] 张广辉、方达：《农村土地"三权分置"与新型农业经营主体培育》，载《经济学家》2018年第2期。

[153] 张广辉：《土地用途转变、土地红利与经济增长——基于扩展Solow模型的分析》，载《学习与实践》2013年第12期。

[154] 张广辉、魏建：《土地产权、政府行为与土地增值收益分配》，载《广东社会科学》2013年第1期。

[155] 张广辉、魏建：《土地红利分配："重工业化、轻城镇化"到"工业化、城镇化并重"的转变》，载《经济学家》2013年第12期。

[156] 张广辉、叶子祺：《乡村振兴视角下不同类型村庄发展困境与实现路径研究》，载《农村经济》2019年第8期。

[157] 张海鹏、曲婷婷：《农村土地经营权流转与新型农业经营主体发展》，载《南京农业大学学报（社会科学版）》2014年第5期。

[158] 张军、吴桂英、张吉鹏：《中国省际物质资本存量估算：1952—2000》，载《经济研究》2004年第10期。

[159] 张军、章元：《对中国资本存量K的再估计》，载《经济研究》2003年第7期。

[160] 张连刚、支玲、谢彦明、张静：《农民合作社发展顶层设

计：政策演变与前瞻》，载《中国农村观察》2016年第5期。

[161] 张钦、汪振江：《农村集体土地成员权制度解构与变革》，载《西部法学评论》2008年第3期。

[162] 张清勇、杜辉、刘青、仲济香：《农村土地征收的现状、问题与政策建议——基于2018年全国31省295村9596户问卷调查》，载《财经智库》2020年第2期。

[163] 张曙光：《城市化背景下土地产权的实施和保护》，载《管理世界》2007年第12期。

[164] 张昕：《土地出让金与城市经济增长关系实证研究》，载《城市问题》2011年第11期。

[165] 张学昌：《农业基础设施投资的PPP模式：问题、框架与路径》，载《农村经济》2016年第9期。

[166] 张毅、张红、毕宝德：《农地的"三权分置"及改革问题：政策轨迹、文本分析与产权重构》，载《中国软科学》2017年第3期。

[167] 张宇、谢地、任保平、蒋永穆等：《中国特色社会主义政治经济学》，高等教育出版社2018年版。

[168] 张占斌：《新型城镇化的战略意义和改革难题》，载《国家行政学院学报》2013年第1期。

[169] 张照新、赵海：《新型农业经营主体的困境摆脱及其体制机制创新》，载《改革》2013年第2期。

[170] 张志强、高丹桂：《农村集体经济组织及其成员权和农村社会组织及其成员权——混同的现状、动因及其对农地制度绩效影响的法经济学分析》，载《软科学》2008a年第10期。

[171] 张志强、高丹桂：《农村集体经济组织及其成员权和农村社区组织及其成员权混同的法经济学分析》，载《农业经济问题》2008b年第10期。

[172] 张尊帅：《工商资本投资农业的风险及其防范》，载《现代经济探讨》2013年第8期。

[173] 赵蔡晶、吴柏钧、吴玉鸣：《土地资源对长三角都市圈城市

经济增长尾效研究》，载《生态经济》2018 年第 10 期。

［174］赵鲲、刘磊：《关于完善农村土地承包经营制度发展农业适度规模经营的认识与思考》，载《中国农村经济》2016 年第 4 期。

［175］赵丽娜、马涛：《乡村振兴从哪里来到哪里去?》，载《求是学刊》2018 年第 4 期。

［176］赵秀玲：《乡村振兴下的人才发展战略构想》，载《江汉论坛》2018 年第 4 期。

［177］浙江省人民政府研究室课题组：《城镇化进程中失地农民市民化问题的调查与思考》，载《浙江社会科学》2003 年第 4 期。

［178］周定财、王亚星：《农村土地三权分置视域下新型农业经营主体的素质要求和培育途径》，载《理论导刊》2016 年第 11 期。

［179］朱启臻：《当前乡村振兴的障碍因素及对策分析》，载《人民论坛．学术前沿》2018 年第 3 期。

后　　记

　　我在农村生活过近 20 年的时间，对农业、农村和农民问题有着直观的感受。自 2013 年 7 月进入辽宁大学经济学院工作以来，一直计划着出一本关于"三农"问题方面的书籍，将自己对"三农"问题的一些研究进行梳理总结。但时常感到自己的研究还有待进一步深入，出书的计划也就一直搁浅。2020 年的新冠肺炎疫情扰乱了所有人的生活，也让我对"三农"问题有了一些新的思考。

　　改革开放以来，经济的高速发展带来了城镇化水平的不断提高，越来越多的农民进入城市工作和生活，这也进一步导致乡村呈现出农业边缘化、农村空心化和农民老龄化的发展现状。因此，党的十九大报告中首次提出要实施乡村振兴战略。那么，如何既能在不断提高城镇化水平的同时，又能实现乡村振兴战略目标呢？本书的观点认为农村土地是实现城镇化与乡村振兴的融合发展的关键，这也是我最近几年的一些思考。本书中的诸多内容和观点离不开我在山东大学读书时魏建教授、李增刚教授、叶海云教授等老师的指导，以及回到辽宁大学工作后与学生的诸多讨论，在此感谢辛琬昱、苏蕊、叶子祺、方达、茆雪瑞、王浩宇、丁诗淼、陈鑫泓等同学。同时，我也要感谢辽宁大学以及辽宁大学经济学院各位领导和老师对我工作上的支持和帮助。还要感谢家人对我生活上的照顾与工作上的支持。经济科学出版社为本书出版提出了诸多宝贵意见，在此表示感谢。

由于时间紧迫，水平有限，本书的写作内容可能还存在诸多不足之处，诚望读者批评指正。

张广辉

2020 年 8 月于沈阳